《学科教学方法论丛书》编委会

主　编：胡　丹
副主编：汪天飞　罗明礼
编　委：李先锋　罗天琦　刘丽平　许德富　张连花　张茂一
　　　　王朝君　陶继锋　毛加宁　杨　洪　刘　琴

·学科教学方法论丛书·

丛书主编 胡丹

主 编 刘琴
副主编 王欢 唐丹

聋校语文
教学方法论

四川大学出版社

图书在版编目（CIP）数据

聋校语文教学方法论 / 刘琴主编 . — 成都：四川大学出版社，2022.11
（学科教学方法论丛书 / 胡丹主编）
ISBN 978-7-5690-5690-7

Ⅰ．①聋… Ⅱ．①刘… Ⅲ．①语文课－教学法－聋哑学校 Ⅳ．① G762.2

中国版本图书馆 CIP 数据核字（2022）第 180127 号

书　　名：	聋校语文教学方法论
	Longxiao Yuwen Jiaoxue Fangfalun
主　　编：	刘　琴
丛 书 名：	学科教学方法论丛书
丛书主编：	胡　丹

选题策划：	梁　平
责任编辑：	陈克坚
责任校对：	杨　果
装帧设计：	璞信文化
责任印制：	王　炜

出版发行：	四川大学出版社有限责任公司
	地址：成都市一环路南一段 24 号（610065）
	电话：（028）85408311（发行部）、85400276（总编室）
	电子邮箱：scupress@vip.163.com
	网址：https://press.scu.edu.cn
印前制作：	四川胜翔数码印务设计有限公司
印刷装订：	四川五洲彩印有限责任公司

成品尺寸：	185mm×260mm
印　　张：	12
字　　数：	273 千字

版　　次：	2022 年 12 月 第 1 版
印　　次：	2022 年 12 月 第 1 次印刷
定　　价：	39.00 元

本社图书如有印装质量问题，请联系发行部调换

版权所有 ◆ 侵权必究

丛书序

教育大计，教师为本。党和政府把教育摆在优先发展的战略位置，而教师队伍建设是教育现代化的关键所在。2012年2月，教育部印发幼儿园、小学和中学教师专业标准，对教师的培养、准入、培训和考核进行了规定。2015年，教育部公布了《中小学教师资格考试暂行办法》，教师资格考试实行全国统考，此举极大地提高了教师职业入职门槛。2018年2月，中共中央、国务院颁布的《关于全面深化新时代教师队伍建设改革的意见》明确了教师队伍建设的优先地位和建设具有中国特色师范教育体系的战略任务，特别强调要加强乡村教师、幼儿教师、特殊教育教师等师资队伍建设。2021年5月，教育部研制了学前教育、小学教育、中学教育、特殊教育等专业师范生教师职业能力标准，旨在进一步加强师范类专业建设，建立师范生教育教学能力考核制度，推动教师教育院校将国家中小学教师资格考试标准和大纲融入日常教学、学业考试和相关培训中，提高师范类专业人才培养质量，从源头上提升教师队伍教书育人的能力和水平。这些国家层面文件、制度明确了教师教育人才培养质量的路向和标准，对高师院校办学来说既是契机又是挑战。

教师教育兼具"师范性""示范性""学术性"的特征，师范教育向教师教育转型已经成为世界各国的历史必然。基础教育课程改革不断推进，新课程标准深入实施，核心素养理念深度推行，"新高考"改革逐步推广，这对高师院校师范生培养质量提出了更高的要求。教师教育开放化、一体化、大学化以及教师职业专业化，要求高师院校提升教师教育内涵、拓展教师教育外延。作为未来从师任教的师范生，不仅要具备广博的文化知识、扎实的专业知识，还要具备很强的学科教学能力和崇高的教师职业道德。

教师教育学作为一门学科被提出之后，其方法论的研究与应用在教育学界引起了高度的重视。高师院校肩负着为基础教育培养合格师资和未来卓越教师的重任，唯有加强方法论与教学方法的研究，才能更好地促进师范生的成长与发展，提高其理论素养，增强其实践能力。学界对"方法论""教学方法"有着不同的定义和诠释，但是概而言之，方法论是关于"是什么""怎么办"的原则性指导，而教学方法与教师、学生、手段三者密切相关，是师生为了完成教学任务所采用的教学方式与学习方式。教学方法涉及诸多相关因素，如教学目的、教学目标、教学内容、教学任务、教学设计、教学手段、教学媒体以及课堂教学中师生活动的方式、程序、步骤等。教学方法并不是教师程式化的教学套路和教学定式，它蕴含着丰富的哲学、心理学、教育学、学科教学的思想，在很大程度上折射出教师的教育理念、教学策略、教学主张等。现代教学理论倡导教师主导、学生主体、产出导向，其实质是激发学生的内在潜能、学习主动性与创造性，提高学生的学习效率。可见，教学方法已经上升到教学方法论的层面，教师包括师范生需要遵循教学方法论的思维方式和基本原则。

作为师范生或即将踏上教育岗位的"准教师"，应当深刻地认识到教学方法的重要性。在教师的职业素养中，学科教学知识被美国著名教育家舒尔曼列为教师七大教学知识基础之一，具有专业性、个体性、生成性、整合性和缄默性等特征。教师唯有不断地进行教育教学实践，并持续将学科知识与专业知识运用于教学活动之中，学科知识、专业知识、教学知识才能有效融合，形成学科教学知识。师范生的教师专业发展与成长是一个"理论—实践—理论—实践"螺旋式上升过程，是教育理论知识、教学实践方法和教学反思多维度、多层次叠加的结果。从这个意义上讲，师范生需要在教育实习中反思教学行为、总结教学经验、提升教学理念，形成自己特有的教学方法与个性化的教学风格。要将师范生的学科、专业、教学知识转化为教师的职业素养，就离不开教育教学方法论的指导，这便是我们编纂此丛书的缘由。

本套丛书突出理论引领、实践指导。作者基于国内外核心素养理念，依据国家课程方案与课程标准，紧跟基础教育教学改革前沿，博采诸多专家学者的观点，编写了体系完整、具有指导性的学科教学方法论教材。本套丛书力求理实融合、学以致用。作者将教育学、心理学、学科教学的理论知识融会贯通，形成了富有实操性的教育教学方法。同时，本书也收录了乐山师范学院师范生优秀的课程作业和竞赛作品，展现出我校学科教学论教师指导学生的成效，可为读者提供参考和借鉴。

本套丛书是我校学科教学论教师与基础教育优秀教师的研究成果，可供广大在校师范生和在职教师参阅。由于编者水平有限，书中难免存在疏漏甚至错缪之处，恳请读者提出宝贵意见，以便修正完善。

《学科教学方法论丛书》编委会
2022 年 11 月

前　言

　　本书践行立德树人的目标，以聋校语文教育教学规律、聋生学习语文的特点、聋校语文教学方法为研究对象，内容包括语文学科核心素养、语文教师专业技能、聋校语文教学知识与能力等，全面提升课程教学的铸魂育人功能。本书是为培养从事聋校语文课程教学的教师而编写的，其特点如下：

　　一是鲜明的时代性。本书顺应聋校语文课程与教学改革发展的需要，结合教育部颁发的《聋校义务教育语文课程标准（2016年版）》和《义务教育语文课程标准（2022年版）》，加强了对语文学科核心素养内涵的认识，借鉴普校语文课程改革的经验和成果，探讨聋校语文教学目标的拟定与学业评价的设计等，力求将视线放在聋校语文教学改革的理论前沿，反映语文教研教改的最新成果，以对当前聋校语文教学改革起到正确的导向作用。

　　二是注重对教学方法及规律的探究。教学论应该反映聋校语文"教"和"学"两方面的规律。聋生是学习语文的主体，教师的"教"应着眼于聋生的"学"，"学"是"教"的主要依据，"教法"必须服从"学法"。本书比较关注聋生语文学习方法和规律的研究，努力探索聋生识字与写字、阅读、写作、语言交往和综合性学习能力的形成规律。

　　三是重视教学实践能力的培养。理想的专业书籍应该是：既要有一定的理论高度，又要紧密结合一线学校语文教学。本书重视理论和实践的结合，书中的理论源于聋校语文教学实践，目的在于指导师范生更好地理解聋校语文教学，提高学科专业素养。同时，为了提高师范生的教学实践能力，我们根据需要选用了部分语文教学案例。通过对教学案例的学习和试讲试教的练习，师范生在实践中逐步加深对教学理论的认识，将教学方法论有效地运用于聋校语文教学实践中。

　　虽然我们在编写本书过程中吸收了当前语文教学的最新研究成果和教改经验，但限于我们自身的理论水平和学术能力，书中的某些观点、表述可能会存在不足、遗漏，敬请读者诸君不吝赐教，批评指正，也感恩大家的鼓励和支持！

刘　琴
2022年6月

目　录

第一章　概　论 ……………………………………………………………… 1
　　第一节　本书的写作缘由 ……………………………………………… 1
　　第二节　本书的主要内容 ……………………………………………… 3
　　第三节　本书的特色与目标 …………………………………………… 4

第二章　语文学科核心素养理论概述 …………………………………… 7
　　第一节　语文学科核心素养的内涵 …………………………………… 7
　　第二节　学科核心素养理念下的聋校语文教学 ……………………… 8

第三章　聋校语文教学方法论基础 ……………………………………… 13
　　第一节　聋校语文教学的理论概述 …………………………………… 13
　　第二节　聋校语文教学的基本原则 …………………………………… 16
　　第三节　聋校语文教学的常用方法 …………………………………… 22

第四章　聋校语文知识教学 ……………………………………………… 28
　　第一节　识字与写字教学 ……………………………………………… 28
　　第二节　阅读教学 ……………………………………………………… 44
　　第三节　写作教学 ……………………………………………………… 62
　　第四节　语言交往教学 ………………………………………………… 77
　　第五节　语文综合性学习 ……………………………………………… 87

第五章　聋校语文教师的素养培育 ……………………………………… 97
　　第一节　特殊教育教师的专业标准 …………………………………… 97
　　第二节　聋校语文教师的专业意识 …………………………………… 99
　　第三节　教学研究素养 ………………………………………………… 103

第六章　聋校语文教师教学能力的培育 ………………………………… 108
　　第一节　教学设计能力 ………………………………………………… 108
　　第二节　课堂教学的能力 ……………………………………………… 114

第三节　说课、听课与评课的能力………………………………121

第七章　语文教学思维塑造……………………………………………138
　　第一节　跨学科意识………………………………………………138
　　第二节　语文教学思维……………………………………………140

第八章　语文学科教学启迪……………………………………………143
　　第一节　微课教学…………………………………………………143
　　第二节　反思性教学………………………………………………144
　　第三节　指导性教学………………………………………………146

参考文献……………………………………………………………………177

后　　记……………………………………………………………………180

第一章　概　论

特殊教育是衡量一个国家教育水平和文明进步的重要尺度。近年来，党中央、国务院高度重视特殊教育的发展，连续组织实施了两期特殊教育提升计划，特殊教育普及水平、保障条件和教育质量得到显著提升。2022年，国务院办公厅转发了教育部等七部门制定的《"十四五"特殊教育发展提升行动计划》（以下简称《特教提升计划》），提出主要目标"到2025年，高质量的特殊教育体系初步建立"，明确了"加强特殊教育教师队伍建设，注重培养适应特殊教育需要、具有职业教育能力的特殊教育师资"。特殊教育迎来了新的发展机遇和挑战，对正就读于师范院校的大学生来说，如何通过深入的专业理论学习和扎实的教学实践，将自己锻造成理论功底深、专业能力强、有核心竞争力的未来教师，是一个需要提早规划和践行的目标。

第一节　本书的写作缘由

一、促进人才培养目标的达成

我国教师教育的发展正处于由数量扩充向质量提升的关键期（钟启泉，2019）。伴随着我国高等院校特殊教育、融合教育、康复教育的发展与转型，特殊教育师资培养除了强化理论知识的学习外，还聚焦在师范生对知识和技能的综合运用上，强调教育教学能力和综合育人的素养，关注师范生人才培养质量的整体提升。

"特殊教育学校语文课程与教学"是特殊教育、融合教育、教育康复学等专业课程设置中关于教师教育的一门核心课程，本书是该课程中具有聋教育特色的一本教学用书。围绕"育人为本"的办学宗旨，本课程秉持"专业化、职业化、个性化、复合型"的人才培养理念，培养具备良好的教师职业道德、深厚的特殊教育情怀、扎实的语文学科理论、较强的语文教学与研究能力，能在特殊教育学校、资源中心、融合教育学校、康复机构等从事与聋生的语文学科教育教学相关工作的复合型特殊教育师资。具体而言，师范生通过本课程的学习，要达到以下要求。

（一）筑牢理论基础

通过学习，熟知聋校语文课程与教学的相关理论。能运用所学理论，分析语文教学中遇到的困难、问题，解释教学现象，思考恰当的教学策略，采取相应的行动措施。

（二）强化专业技能

能依据聋生的身心发展顺序、认知规律和学习语文的特点，分析和解读聋校语文教材，设计教学目标，撰写详细的教案，选择恰当的教学方法，独立开展聋校语文课堂教学，并合理运用评价提升教学效果。

（三）提升专业素养

通过学习，熟悉聋校语文课程的基本性质、目标、内容和教学建议；了解聋校语文教学的基本知识体系；通过案例分析、视频研讨、微课展示、实践练习等，获得从事聋校语文教学的基本技能，能够不断反思、积极探究，培养良好的语文学科素养。

二、夯实职前教育的基本功

教师肩负着塑造灵魂、塑造生命、塑造新时代合格接班人和建设者的重任。教师专业发展应是职前教育、入职教育和在职教育一体化的终身教育历程和职业生涯发展进程（王雁，2013）。职前培养是促进师范生适应未来教育生涯发展的重要途径。我国目前的特殊教育事业正快速发展，急需一批数量充足、专业水平较高的优质师资队伍。

具体到聋教育领域，因为教育对象——聋生的听力水平差异，他们的认知发展水平、沟通表达方式和特殊教育需求都有各自的特点。这就要求聋校教师除掌握一般教师应有的基本功外，还需要具备从事聋教育的一些专业技能，如手语（手语、口语同步翻译）、语言康复与训练等多项基本功。因此，在职前，师范生应知道聋校语文课程教学的基本任务和内容，能结合《聋校义务教育语文课程标准（2016年版）》［以下简称《聋校语文课标（2016年版）》］和聋生的身心发展特点，认真备课、上课，能独立进行聋校语文课堂教学。简言之，师范生应在职前阶段，自觉夯实专业理论和技能，既要知晓普通儿童的身心发展特点，还要熟知聋儿的心理发展特点与教育规律，熟练掌握聋校学科教学的专业知识和技能，为今后独立登上讲台、顺利开展教学打牢基础。

三、资格考试和专业认证的需要

当前，师范专业认证在全国范围内逐渐铺开。师范专业认证可以促使高校师范专业围绕人才培养的宗旨，努力培养高素质的、专业化的、创新型的新时代教师队伍。《特教提升计划》也提出："推动师范类专业开设特殊教育课程内容，列为必修课并提高比例，纳入师范专业认证指标体系，落实教师资格考试中含有特殊教育相关内容要求。"基于"学生中心、产出导向、持续改进"的基本理念，以特殊教育（以下简称"特教"）专业、教育康复学（以下简称"教康"）专业师范生的发展成效为导向，通过聚焦特教专业、教康专业师范生毕业时学到了什么、能做什么，来反向设计目前高校特殊教育的课程体系、教学设置、师资队伍和资源配备，进而完善特殊教育师范类专业人才培养质量的认证体系。

教师资格证考试是对教师教育教学能力的一种考核形式，旨在完善和提高教师行业的准入标准，挑选具有良好的专业素养、基本知识与专业技能过硬的合格师资来任职。师范生在参加统一的笔试与面试过程中，能自觉复习教育学、心理学、课程论等基础理论知识，钻研学科知识，以建构学科教学的理论框架，强化语文教学设计、试讲试教等训练，做到理论和实践的深度融合，在反复训练中加深对学科知识的理解和运用，提高教学实战能力和必备素质。通过教师资格考试，师范生取得相应的职业资格，才能更好地从事教育教学工作。

基于"产出导向"的视角，结合往届师范生的教师资格证考试通过率、实习反馈，以及毕业生在特殊教育学校、康复机构等用人单位的工作状况来看，情况不容乐观。实习学校对部分师范生的授课提出了"加强专业技能训练，提高学科素养"等建议。另外，有少部分毕业生刚工作时语文学科教学的能力不足，加重了用人单位学科教学指导的负担。

结合师范生的毕业要求和入职后的表现，反思本课程对人才培养目标的达成度，迫切需要进行课程与教学的改革，加强师范生学科专业理论知识的学习，强化教学技能的锤炼，使毕业生能更好地胜任特殊教育学校的学科教学，增强就业的核心竞争力。为此，特编撰本书，供师范生、聋校教师及相关研究者学习，助力聋校语文教学质量的整体提升。

第二节　本书的主要内容

本书是以聋校语文教学的基本理论、聋生学习语文的特点、聋校语文的内容以及教学策略等为主要研究对象，不仅关注聋校语文教育教学基本理论，揭示语文教学的内在规律，还重视师范生的教学专业技能。通过本书学习，我们将了解"教什么""如何教"以及"为什么这样教"等问题。

第一部分：聚焦"语文学科核心素养"。简述语文学科核心素养的内涵、构成要素，基于核心素养的培育，探讨教学目标和学业评价等话题。语文学科核心素养着眼于未来人才的培养质量，主要内容指向聋生正确的价值观、必备品格和关键能力，关乎着聋生的未来成长和终身发展，适应了课程改革的趋势，有助于"立德树人"根本任务的落实。

第二部分：理论概述。从二语习得、建构主义等理论入手，思考聋校语文教学的理论基础，梳理相关的教学原则和常用的教学方法。希望师范生和在职教师都掌握基本的教学理论，了解教学原则的实施要点，能在教学中正确贯彻教学原则，能在实践中灵活运用各种教学方法。

第三部分：学科知识教学。从《聋校语文课标（2016年版）》提出的聋校语文教学的五大领域，即"识字与写字""阅读""写作""语言交往"和"综合性学习"五个方面着手，逐一展开相应内容的教学探讨。语文课程注重与其他课程和生活的联系，五个领域的知识应融会贯通，随着学段螺旋上升，最终达成语文课程总目标。熟悉聋校语文知识教学的内容，掌握相应的教学策略，也是语文教师必备的学科专业知识。该部分教学旨在为师范生梳理清楚聋校语文各板块的教学内容、能运用的常见操作策略等。

第四部分：教师的专业素养和能力。专业技能和素养对于师范生未来的职业发展非常重要。这部分对特殊教育教师专业标准进行解读，从专业意识、专业技能等角度分别进行阐述。通过学习，师范生了解特校教师专业标准，了解聋校语文教师专业素养的内涵。

第五部分：教学思维塑造。知识经济时代，人们对教育的关注度和要求逐渐提高，越来越重视"跨学科意识""教学思维"的形成。我们提倡教师要具备跨学科教学的意识，在语文教学中融会贯通各学科知识；要更新语文教学思维，灵活运用可视化教学思维、创造性教学思维等。此部分与核心素养所强调的"思维能力"的培养是协同一致的。

第六部分：学科教学启迪。该部分谈到了微课教学、反思性教学和指导性教学。在指导性教学部分，本书选取了近年来师范生参加四川省师范生教学能力大赛的教学设计、说课设计等，目的是为师范生在试讲试教、教育实习、教师资格证考试的面试中提供学习的范例和参考，也为师范生毕业后参加各地教师公招考试的"现场抽题＋限时备课＋临场试讲"进行提前演练，助力师范生的就业应聘和职业生涯的发展。

第三节　本书的特色与目标

一、本书的特色

（一）重视理论构建

本书从二语习得理论、语文学科教学论等视角出发，全面系统地探究聋校语文教学方法的背景知识、理论基础、教学原则等，有利于师范生建构理论框架，指导自身的专业发展。比如，教育学是特殊教育学科教学的核心理论基础。教育者的理念、行为和策略等，都要紧紧围绕教育目的、指向学生发展而落实。在聋校语文教学中，聋生因为个体差异、行为问题或不良情绪等，需要教师自觉运用教育学、心理学等原理来分析问题发生的原因，探索解决问题的策略。再如，语文单元检测时，有的聋生总是遗忘，答卷上出现空缺或者交白卷的现象。根据艾宾浩斯遗忘曲线的规律，从心理学的视角来分析聋生的记忆特点，教师在考前就可以组织学生练习、复习等。从字词意思的讲解入手，通过举例，深入理解字词句的含义，在巩固练习中有意识地强化，在课后复习、晨会课、晚自习等时间进行重温，在生活场景中灵活运用。通过这些克服知识遗忘的办法，使聋生牢记语文基础知识。备课时，教师要分析学情，把握每位聋生的学习特点；上课时与学生积极互动，灵活运用评价激励聋生学习；课后针对聋生的心理特点采用适合的激励方式进行个别辅导等。这些都是建立在相应的教育学、心理学基础之上的。可以说，教育教学理论知识的运用在聋校语文教学中无处不在。

师范生知晓聋校语文学科教学论知识，理解所教授的语文学科原理、学习者的认知规律、相关学习理论等，自觉加强语文学科教学论的研究，掌握全面系统的聋校语文教学理论与策略，自觉打牢理论基石，才能适应聋校语文教学改革与发展的需要，更好地助力自身未来的教育生涯和专业化发展。

（二）强调专业实践

在指导师范生运用课程教学理论的同时，本书引导师范生积极参与教学计划的制订、教学方案的撰写、微课教学的试讲等，将理论与实践深度结合。本书还根据内容需要提供了聋校语文教学课例，提出问题、分析案例、学生小组讨论和总结。在合作探讨中力求提高师范生的学科思维和理论水平，培养师范生从事聋校语文教学的基本素质和专业实践能力。

（三）指向教学应用

学习本书的主要目的是运用。基于复合型人才培养的目标，应加强师范生的职前技能培养，练就特殊教育专项能力，如手语口语表达能力、板书板画能力、教学设计能力、课堂组织能力、说课和评课能力等。在大量的试讲试教、磨课演练中，提升师范生的专业素养和技能，夯实"三笔一画"基本功，锤炼教学组织与实施能力，从而提升其综合素养。

二、主要目标

本书有利于师范生学科教学理论的构建，帮助师范生掌握聋校语文教学规律、初步形成聋校语文教学能力。该书对师范生树立科学的聋校语文教育观、较快成为合格的特殊教育教师以适应未来的职业生涯和专业提升，有非常重要的意义。为此，本书的主要目标如下。

（一）增强教学理论基础

从事聋校语文教学，师范生需要像"全科教师"一样，掌握多方面的理论知识，如特殊教育学、听障儿童心理学、与语文相关的语言、文字、文章、写作、修辞、逻辑、美学及其他社会科学和自然科学知识等。聋校语文教学就是教师运用语文课程与教学的相关理论，整合各方面的理论知识，对聋生进行的语文教育教学实践活动。

聋校语文教学活动的顺利实施要靠教学理论来指引，一线教师的教学经验要靠理论来总结和提升，教学实践中遇到的困惑和难点要靠理论来解决。如，怎样进行教学设计？如何运用教学理论和学科知识来分析和解读文本？选择哪些教学方法？怎样创设情境？如何激发聋生学习的积极性？这些都是在聋校语文教学实践中操作性非常强的问题。要上好聋校的语文课，在师范教育阶段应全面系统地掌握聋校语文教学的相关理论与专业知识。

（二）完善知识和能力体系

应重视师范生关于聋校语文教学知识的学习和能力的训练。2015 年 9 月教育部颁布的《特殊教育教师专业标准（试行）》中明确提出了"能力为重"，突出特殊教育实践能力，提升教学专业化水平等。师范生在校期间，应把学到的知识转向运用，通过各种实践活动，如见习、试讲试教、教育实习等，去获得初步的语文教学的能力和信心。学习了教学设计的相关理论后，师范生能对聋校的语文教材和学情进行分析，拟定教学目标，设计教案，开展微课教学。实习时，能自信地立足于语文课堂，从事聋校的语文教学实践。

（三）树立从事特殊教育的职业理想

热爱特殊教育事业，有愿意从事特殊教育工作的积极性和强而持久的教育动机，是特殊教育教师专业素养的重要部分。课堂上通过观摩聋校语文教学视频、学习文字案例等，了解聋儿在语文学习方面的规律和特点。在课程学习的实训环节，师范生可以到特殊教育学校、康复机构去见习和试讲等。通过听课、上课等，与聋儿接触、交流，增强对聋儿身心特点的认识和了解，激发对聋儿深层次的爱，做到内心真正接纳和尊重聋儿，理解特殊教育工作的价值和意义，认同特殊教育教师的职业，愿意以自身的努力和付出教育、感染聋生，坚定从事特殊教育的职业理想。

第二章　语文学科核心素养理论概述

第一节　语文学科核心素养的内涵

一、核心素养的内涵

教育的终极目的是培育"全面发展的人"。《中国学生发展核心素养》指出了课程与教学改革的总方向，要求我们"以学生发展为本"，构建基于核心素养发展的课程体系，优化教学实施行为，发展学生的核心素养。那什么是核心素养呢？严格地说，核心素养一词来自世界经合组织（OECD），用英文"Key Competencies"来表示。其中"Key"表示"关键的、必备的"等意思，"Competencies"有"能力、素养"等涵义。有学者认为，"核心素养"是指学生在接受相应学段教育过程中，逐步形成的适应个人终身发展与社会发展的必备品格与关键能力（钟启泉，2016）。核心素养的提出，将育人为本的理念放在制高点，以新的姿态关注着未来教育的走向。聋生和健听生一样，是新时代的中国青年，担负着中华民族伟大复兴的重任，应具备适应其终身发展和社会发展所需要的核心素养，成为全面发展的人。

"核心素养"概念框架的核心层是形成正确的价值观。学生通过课程学习逐步形成正确的价值观、必备品格和关键能力，核心素养是课程育人价值的集中体现［《义务教育语文课程标准（2022年版）》］。聋校语文课程在继承和发扬我国优秀传统文化、增强民族文化认同感和自信心、培养聋生的中国精神中发挥着重要的作用。教科书中的很多课文蕴含了中华民族的价值观，聋生通过课文载体去认识和把握中华文化的内蕴，在语言的理解和运用中主动传承我国优秀传统文化。由此，聋校语文教师应把握聋校语文教育特点，关注聋生核心素养的形成与发展，注重其正确的人生观、世界观和价值观的形成，为建立良好的品性和健全人格奠定基础。

二、语文学科核心素养的构成

在聋校学科教学中，要培育聋生的核心素养，一要关注聋生自身的核心素养发展；

二要与具体学科相结合,把发展聋生核心素养融入具体的学科教学中。语文作为聋校课程教学的基础性学科,对培育聋生的核心素养起着重要的作用。语文学科核心素养着眼于未来人才培养的目标,关乎他们的健康成长和终身发展,适应了课程改革的趋势,有助于落实"立德树人"的根本任务(刘琴,2020)。

结合聋生特点和教学实际,我们针对聋生所谈的语文学科核心素养,是指聋生在接受语文教育的过程中,通过学习语文课程的知识和内容,初步形成正确的价值观、必备品格和关键能力(见表2-1)。其中,"必备品格"指聋生具有良好的个性、学习习惯和健全的人格等,"关键能力"指语言文字的阅读、理解和运用能力,语言的交往、思维、审美能力等(刘琴,王振洲,2020)。

表 2-1 聋生语文学科核心素养的构成

主要内容	综合体现	具体表现
正确价值观 必备品格 关键能力	文化自信	认同中华文化、语文情怀、文化意识与态度、文化传承与弘扬
	语言运用	语言积累、梳理与整合、语言理解与运用、表达与交往
	思维能力	思维能力与方法、探究与发现、归纳与推理
	审美创造	感受与体验、欣赏与评价、想象与创造、审美意识和观念
	个性、品德、习惯	创新与合作的精神、诚信与友善的品格、良好的语文学习习惯

随着语文学科核心素养的提出,语文教师应在观念上与时俱进,实现两个更新。一要更新课程观。认识到"课程即问题",课程不再是单纯传递教科书的知识,而是要引导学生不断探究、理解问题,建构知识。二要更新教学观。要对"教学即研究"达成共识,理解教学不仅是教师教学生学,更重要的是教师与学生一起成长进步,教师可以帮助、引领学生一起研究,也可以与学生合作学习与探讨,师生之间真正实现"教学相长"。

第二节 学科核心素养理念下的聋校语文教学

语文学科核心素养的形成,须通过课程目标、教学设计、课程实施与教学评价等环节来实现。教学时,教师应将语文学科核心素养的内涵要求,结合聋生的学情,以及对语文课标和教材的深刻解读,具体落实到课程的目标设计、课堂教学和学业评价中。

一、领会课标精髓

语文学科在聋校所占的课时最多,花的精力最大,但效率不高(张晓云,2015)。

在语文学科核心素养理念的指导下，我们应思考当前聋校语文新课程推行的系列问题。如，知识与技能、过程与方法、情感态度与价值观、语言康复等目标，如何统整达到预期效果，如何发挥聋生在语文学习中的主动性和创造性，怎样运用语文知识以培育聋生的学习力、思考力和表达力等。

基于此，教师应把握《聋校语文课标（2016年版）》的精神内核，清楚各学段的目标和内容，知道各领域指向哪些方面的素养培育。如，第二学段阅读部分第 5 条，"阅读浅近的诗文，注意在阅读过程中体验情感，展开想象，领悟诗文大意"。结合语文学科核心素养的要求和聋生特点，在诗文教学时应明确几点：通过视频、图片、课件等在课堂上给聋生以直观感受，提升聋生的情感认知；引导聋生在朗读中深化理解，激发其学习古诗文的兴趣；设境融情，引导聋生在感受、理解、欣赏诗文的过程中，受到情感的熏陶和思想的启迪，享受审美的乐趣；最后在手语诵读和诗文默写中传承文化，以全面提高聋生的语文学科素养。

总之，教师须认真研读课标，深入思考语文学科核心素养的内涵及体现，准确解读和把握学段内容要求，在此基础上思考和确定教学的重点和方向。只有明确了语文学科核心素养的要求，大胆进行教学研究和改革实践，才能落实《聋校语文课标（2016年版）》提出的理念，促进聋生必备品格与关键能力的培育。

二、把控教学目标的导向

目标具有导向功能，其设计是否科学合理决定了课堂教学能否顺利实现预期。基于语文学科核心素养的教学目标，指向聋生的未来发展，要注意将知识与能力、过程与方法、情感态度与价值观目标整合在一起，指向聋生的关键知识与能力，引导聋生人格品性的健康发展。具体而言，目标设计时应注意以下几点。

（一）创设情境化学习条件

语文学科核心素养，是在聋生积极参与语文实践活动中积累、建构并在真实的语言运用情境中表现出来的。聋生以直观、形象思维为主，对情境化的学习较感兴趣，所学知识和方法等需要在实际生活中运用才能真正为其所掌握，进而推动后续学习。可以说，在真实情境中运用知识和锻炼能力，培养聋生对真实问题的解决能力，是落实核心素养的关键。因此，教学中，教师要设置情境化的学习环境，将语文知识的学习与聋生的现实生活相连接，使知识的产生、理解和迁移都在情境中进行，促进聋生深度学习（见图 2-1）。

图 2-1　语文核心素养与语文知识、实际问题、真实情境的关系

教学中，我们可将聋生置于模拟场景或真实情境中，设计与现实生活相关的任务、作业，让聋生把学到的知识和技能运用于生活，思考和解决遇到的真实问题，提高其应对日常生活并解决问题的能力。如，针对聋生语言表达能力弱的问题，可设置情境性的实践作业，鼓励聋生将学到的词语、句子，在校园、小区、家庭、商场等生活场景中，大胆尝试运用，突破沟通障碍，从而提高聋生看（听）话、说话和写话的能力。

（二）过程注重探究

聋生的语文学习，是指通过具体的学习活动（行为），在掌握语文知识的同时，形成一定的语文能力，获得丰富的情感体验，深化世界观、人生观和价值观的认识。掌握知识、提高能力和形成态度，这三者的统一实现，才是真正意义上的"学习"。《聋校语文课标（2016年版）》倡导，聋生的学习应与自主、合作、探究的学习方式相辅相成。

就语言文字理解能力的培养来说，学习活动的设计可以从聋生熟知的和感兴趣的事物切入，鼓励聋生自主探究，与伙伴互相沟通，教师适当引导。以聋校义务教育实验教科书《语文》（以下简称聋校《语文》）五年级下册《我爱故乡的杨梅》第4自然段为例。在初读的基础上，教师出示杨梅的实物或联系聋生的生活经验，引导聋生勾画出文中描写杨梅外形的词语、句子。然后，聋生分小组交流，分享勾画的内容。教师了解各小组交流情况，再小结并板书：外形。"杨梅圆圆的，和桂圆一样大小，遍身生着小刺。等杨梅渐渐软了，平了"，教学这部分时，可用桂圆来比较大小，激活聋生对生活中桂圆的回忆。小刺的变化，可抓住两个"渐渐"，对比未成熟的杨梅和成熟的杨梅的不同，体会杨梅的生长。在互动交流的学习过程中，培养聋生的探究精神，以掌握语文知识和形成能力。

（三）目标水平力求精准

设计目标时，教师应根据课标及教材等，预设聋生应达成的目标水准，用以评量聋生学习的程度及学习结果。教师要清楚几个目标层次：已经达到的基础目标、必须达到的基本目标、应该达到的掌握目标、力求达到的理想目标。若班上的聋生学习能力层次差异大，备课时还应根据其差异性分层设计目标，兼顾各层次聋生的综合发展。总之，目标的层次要切合聋生的实际，既不能过高也不要太低，真正起到激励聋生、促进发展的导向作用。

（四）结果指向学科核心素养

目标若仅是掌握学科基础知识和基本技能，缺乏能力培养和问题意识，缺乏创新精神和创造力，缺乏人文情怀和社会责任感，是培养不出具有核心素养的人才的。因此，设计目标时，教师们应聚焦于聋生核心素养的发展，像专家那样认真地、系统性地思考：应该教授聋生哪些内容，重点教哪些知识，学习这些知识可使聋生形成什么能力、培育什么品格等。要关注聋生学什么、如何学，强调学习的方法、思维、策略和技巧。还要注意培养聋生团队合作和互动交流的能力。另外，指向核心素养的培育，各种教学方式要相互契合、有机统整，共同形成促进聋生知识、能力与品格发展的支持系统。

三、基于核心素养的教学评价

基于核心素养的聋校语文教学评价，从宏观、中观和微观三个层面予以体现。宏观层面，以评价促进义务教育阶段聋校语文教育质量的整体提升，全方位地推动聋校语文课程改革与核心素养的落实；中观层面体现为"以评促教"，通过评价了解聋生核心素养培育情况，帮助教师及时发现问题，进行相应的反馈和调节，以促进课堂转型；微观层面是"以评促学"，借助评价来培养聋生爱学、乐学和会学的精神，不断调整学习方式，促进其核心素养的发展。

指向聋生语文学科核心素养的教学评价，我们首先应以发展的视角，正确评价聋生的成长和进步。从过度强调课本知识点的学习，转移到关注聋生语文能力的形成；从关注学什么，转移到如何学；从结果测评到关注聋生过程成长，以跨学科的视角指向聋生的全面发展，并在真实情境中考查聋生解决问题的能力。其次，明确聋校语文学业评价的内容。结合《聋校语文课标（2016年版）》的评价建议，聋校语文学业评价应包括两部分：一是评价内容，价值观、必备品格和关键能力，具体关联哪些课程内容；二是表现水准，聋生应达到何种能力程度。因此，教师要把握课程内容之间的关系，对各学段、领域、单元等评价指标进行整体规划和设计。最后，构建聋校语文学业评价体系。结合当前教学实际，我们可以从评价依据、评价内容、评价方式和评价主体等方面来构建聋校语文学业评价的框架（见图2-2）。

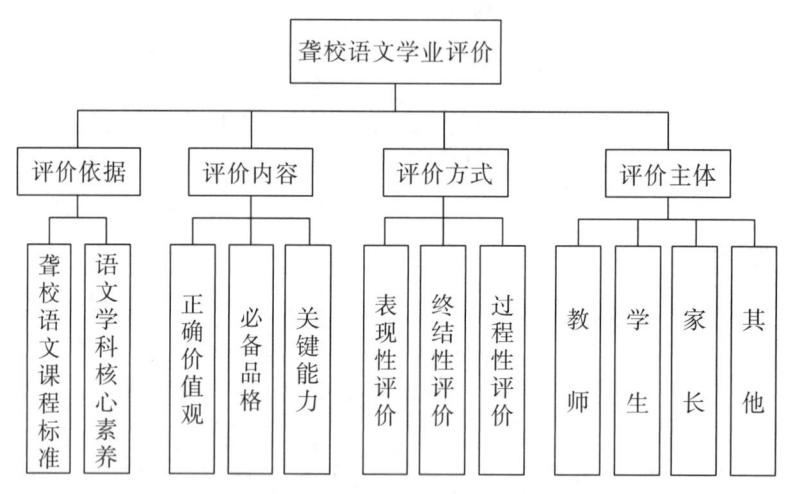

```
                        聋校语文学业评价
        ┌───────────┬───────────┴───────────┬───────────┐
     评价依据      评价内容              评价方式        评价主体
      ┌─┴─┐      ┌──┬──┬──┐           ┌──┬──┬──┐    ┌──┬──┬──┬──┐
     聋  语      正  必  关           表  终  过    教  学  家  其
     校  文      确  备  键           现  结  程    师  生  长  他
     语  学      价  品  能           性  性  性
     文  科      值  格  力           评  评  评
     课  核      观              价  价  价
     程  心
     标  素
     准  养
```

图 2-2 聋校语文学业评价框架

结合框架的评价方式，我们可以采用表现性评价、过程性评价和终结性评价相结合的方式。在表现性评价方式上，要关注聋生在教学中的发言与行为，留心他们参与学习的活动过程，针对学生的真实表现进行不拘形式的形成性评价。若没有现成的模式，则需要管理者、教师等共同商讨，开发设计表现的目标、任务和评分规则。过程性评价中，很多聋校采用了成长记录袋（也称成长档案袋或成长记录册）。成长记录袋主要收集、积累反映聋生语文学习的情况，如课堂表现、作业情况、活动参与等，作为日常评价的重要资料。终结性评价主要通过考试进行评定，可沿用当前的单元检测、期中、期末考试和等级评定。因聋生存在个体差异，对不同学力层次的聋生，也可以编制适应性测试方案，采用不同要求、不同内容的操作、作业和试卷等方式进行评价。随着课改的深入，还有其他评价方式，教师应不断创新、综合使用、灵活调整。多样化的学业评价方式的目的都是指向聋生的学习和成长，努力提高其语文学科核心素养。

语文学科核心素养的培育是一项系统工程，是语文教育向更高、更深方向的发展和内涵提升，是语文学科对"人"的成长和发展的真正关注。教师应结合学校实际，坚持育人至上、立德树人的目标，不断更新教育观念，积极投身于语文课程与教学改革，做到"教—学—研一体化"，不断完善教学评价，全面落实学生核心素养，促进人才培养质量的整体提升。

第三章　聋校语文教学方法论基础

第一节　聋校语文教学的理论概述

在聋校学科教育的发展历程中，语文从单一的学科逐步发展为综合性、实践性的学科，其发展是建立在一定的理论基础之上的。一般来说，哲学是各学科之"母"，所以，聋校语文教学首先要坚持马克思主义哲学观。从课程相关性来看，本课程要依据教育学、心理学、聋生心理发展与教育、语文学、语言学等基本理论。比如，教育学的理论促使教师站在教育的立场上思考语文教育的现象和问题，自觉从教育学的视角出发，用教育的原理分析课程目标、教学行为、学生的知识疑难、语文能力评估等问题，并通过一系列的教育实践总结经验。此外，我们还要关注多元智能理论、建构主义学习理论等的运用，教学中融入生活教育、情境教育、二语习得以及支架式教学理论等。下面选取比较常用的几种理论进行介绍。

一、建构主义学习理论

自 20 世纪 90 年代以来，建构主义学习理论成为教育界有重要影响的一种学术思想。该理论强调知识学习的内在生成和主动建构的过程（王振宏，李彩娜，2011），关注如何以原有的知识经验来建构知识及知识建构过程中的主动性、创造性等问题（鲁忠义，白晋荣，2004）。建构主义学习理论强调学生对知识的主动探索、主动发现和对所学知识意义的主动建构。可以说，建构主义重新发现了"学习者"，将学习的权利交还学生的手中（邓猛，孙颖等，2017）。

建构主义学习理论对聋校语文教学的启示：第一，充分利用聋生已有的知识基础作为理解新知识的"桥梁"。课前，我们要清楚聋生已掌握了哪些知识，如何借助原有知识"先行组织者"的作用，将新知识准确融入已有的认知结构中，这就涉及具体的教学策略。比如，在导入环节，我们常采用复习引入新知识、课文讲解时引导聋生回顾学过的内容，诸如此类的教学行为，就是建立在已有知识在新知中的"桥梁"作用基础上的。第二，引导聋生主动建构意义。学习是聋生主动建构意义的过程，而不是被动地接收信息。教师要引导聋生，根据他们自身的知识经验，对来自各方面的信息进行主动的选择、加工和处理，从而获得新的意义。

面对学习基础不一的聋生，我们不要求他们获得完全一样的认识，事实上人和人之间也不可能完全达到同样的认知高度。我们鼓励聋生根据自己的知识经验来获得新知，这就已经达到了学习的目的。要关注每位聋生的学习成长和进步，鼓励他们主动、积极地探索世界、建构意义和解释现象。

二、多元智能理论

在《智能的结构》一书中，霍华德·加德纳首次提出了多元智能理论。他认为人的思维和认识方式是多元的，智力不是一种能力而是一组能力，具体包括语言智能、空间智能、人际智能、音乐智能、数理逻辑智能、身体运动智能、自我认知智能和自然观察智能八大智能。多元智能理论认为，每个人都有优秀的一面，其教育意义在于启迪教师努力发现儿童身上的闪光点、发掘儿童的潜力。比如，某聋生的语文学习成绩不好，但他在打球、田径等体育竞技方面能力超常，因此我们可以发掘他的身体运动潜能，给予一些运动技能指导，鼓励他在学校运动会、残运会方面大胆展示。

多元智能理论对聋校语文教学的启示：结合聋生的智能特征，设计适合其特点的课堂教学。以聋校《语文》一年级上册语文园地三"我的发现"为例。教学中，启发聋生联系已经学过的象形字的知识，让他们大胆交流对象形字的记忆方法，说一说汉字和图画的相似点；在同桌互相认读汉字的环节，你说我猜；将象形字、图画和楷体字分成三组，让聋生上台来连一连、说一说、比一比动作；在巩固环节，将聋生分组，有的拿象形字，有的拿图片，有的拿楷体字，一起来玩"找朋友"的游戏，找到一个朋友就打手语做动作。如此，整个教学环节在游戏中快乐识字，能综合发展聋生的观察智能、语言智能、运动智能和人际智能等。

在实践中，多元智能理论与"生活情境"紧密结合，即在生活的情境中培养聋生解决问题的能力。在整个教学过程中，我们应树立新的学生观，从多元智能的角度来发现聋生的优势（潜能），创造适宜其成长的环境条件，逐步提高聋生的综合素质。

三、情境教育理论

李吉林老师是我国情境教育理论的创始人。1978年，为改进传统语文教学"单调、低效"等不足，李吉林老师基于小学语文教学的实际，开始了情境教学的探索与研究。她从外语情境教学中获得启示，并借鉴我国传统文化中的"意境说"，结合马克思主义哲学原理、心理学、教育学、脑科学、美学等理论，通过不断的探讨、实践、反思和理论提升，逐步形成了四个阶段，即情境教学—情境教育—情境课程—情境学习，创建了有中国特色和时代气息的情境教育理论框架，并形成一套操作体系。情境教育的实施要以"美"为境界,以"思"为核心,以"情"为纽带,以"儿童活动"为途径,以"周围世界"为源泉(李吉林,2006)。情境教育理论对聋校语文教学的启发有以下几方面。

(一)情感驱动积极学习

课堂教学是师生双方认知、情感双向互动的过程。情感是教师和学生之间的黏合剂,通过人的情绪、情感,可以触摸到一个人的整体精神面貌(朱小蔓,2005)。聋生虽然听不到或听不清话语,但他们的内心世界是非常丰富的,常通过外显行为、情绪情感得以展现。教学中,可以通过情感驱动,调动聋生学习的积极性和主动性。

(二)创生教与学的乐趣

聋生的听觉功能存在不同程度的障碍,他们的学习需要在不同的情境创设中,看得到、摸得着,充分调动视觉、触觉等多感官的补偿作用,激活学生的思维、想象和情感等。通过情境的创设,以"情感"为纽带,拉近教师和聋生之间的心理距离,这既有助于聋生高级情感的形成又有利于他们的主动发展。通过活动,聋生融入语文学习、进行角色扮演、小组合作等,凸现了聋生参与课堂学习的主体地位。在探究和认识世界的过程中,聋生的思维潜能得到激发,并与教师、同学建立良好的情感链接。人际交往的愉悦和创造的乐趣由此产生,使语文教学真正成为促进聋生主动发展、快乐成长的一种途径。

(三)丰富聋生的认知世界

卢梭曾说,没有呼吸到花的熏香,见到枝叶的美丽,阔步于润湿和柔软的草坪上,哪里能使儿童的感觉欢悦啊!可见,与大自然的接触,可以通过多感官获得丰富的知识。李吉林老师就非常注重学生与大自然的亲密接触。她根据学生的认知发展规律,引导他们逐步认识世界、启迪智慧,并将道德与审美教育相结合。

在聋校语文教学中,我们应引导聋生逐步认识所处的周围环境。聋生易被多彩缤纷的大自然景象吸引,但观察所得往往是零星散乱的。因此,教师应根据聋生的认知特点和发展规律,以周围世界为源泉,引导他们逐渐认识大自然。例如,认识"雨",第一次可以让聋生观察雨点的形状、大小等;第二次可以让聋生感受雨滴、小雨、大雨、中雨等不同,观察雨水的流向,画出雨点的旅行图等。在这个过程中,不断启迪聋生的智慧,丰富他们对"雨"的认识。在感受大自然美的基础上,引导聋生从具体形象思维向抽象逻辑思维过渡,进行积极的思维活动;同时,与道德品性和审美能力相结合,以激发课堂教学的生命活力。

四、二语习得理论

手语是一门独立的语言,是聋生的母语,也被称为第一语言(梁丹丹,王玉珍,

2007)。作为母语和第一语言，手语是聋生在自然状态下习得的，符合聋人"自然逻辑"的思维特点。"第二语言"是聋生进校后通过课堂教学习得的主流语言，一般指汉语。在第二语言的学习过程中，聋生掌握的第一语言必然会对第二语言产生影响，这种现象被称为"母语迁移"，有"正迁移"和"负迁移"之说。"正迁移"指第一语言对第二语言的习得产生积极的促进作用，"负迁移"指第一语言对第二语言的习得产生阻碍或干扰（俞芹，2014）。

运用二语习得的理论，我们可以科学地分析聋生的语言偏误现象，正确看待他们在句子表述中的词语颠倒、成分残缺等问题。如，聋生按照习惯的手语来写句子"我包子完了"，按照汉语语法规则"主—谓—宾"的语序，应是"我吃完了包子"。在练习说话、写话时，教师应教会聋生手语、口语和书面语转换的方法，引导他们有意识地读句、写句，逐步丰富语言积累。

此外，我们还要努力创造适合聋生学习的第二语言运用环境。在课堂上，教师运用规范的汉语言文字进行教学。课后，利用各种校园活动、比赛、兴趣小组等，锻炼聋生的语言能力。在交往环境中，鼓励聋生与健听人多用书面语进行沟通和交流，比如用小本子书面联系，用微信、QQ文字交流等。通过多种途径训练聋生的语言能力，努力发挥第一语言在第二语言学习中的促进作用。

第二节　聋校语文教学的基本原则

教学原则是根据教育目的和教学规律制定的，是教师在教学工作中应遵循的基本规则。从性质上看，教学原则是主观性与客观性的统一，是教学理论与实践间沟通的桥梁。聋校语文教学原则阐明了教师依据语文学科的性质和课程目标、聋生的身心特点及学习规律、开展语文教学活动的行为准则和基本要求。经过长期的教育实践和经验总结，聋校语文教学有如下一些教学原则需遵循。

一、语文教学与思想教育相结合的原则

语文教学与思想教育相结合，体现了课程思政的理念，即我们常说的"文道统一"。《聋校语文课标（2016年版）》在总目标的第一条明确提出："在语文学习过程中，培养热爱祖国、热爱人民、热爱中国共产党的思想感情。"作为工具性和人文性统一的学科，语文课程应围绕立德树人的根本任务，引领聋生在完成"语文学习任务群"的过程中潜移默化地受到情感熏陶，逐步树立正确的思想意识和高尚的道德情操，将社会主义核心价值观内化为自身精神追求。语文教学与思想教育的集合是自然的、浸润式的全程渗透。

教学时，教师应有意识地将正确的价值取向和是非观的教育融入语文教学的整个过程中，借助课文载体对聋生进行思想品德的教育，引导聋生树立正确的人生观和价值观，形成基本的是非判断能力。一方面，教师要科学地分析教学目标，明确每节课的语文知识和能力训练点；另一方面，要努力挖掘课文的思想内涵，找出课文中能打动聋生心灵的词句和段落，结合聋生的生活经验，用符合聋生理解力的语言分析、讲述课文中的人和事，让聋生接受情感的感染和熏陶，体验美好的情感和意境，在阅读中知美丑、辨善恶、提高思想道德水平，培养聋生健全的人格品质。

以聋校《语文》五年级上册第 11 课《飞机遇险的时候》为例，在课文第 3~4 自然段，重点讲了事情的经过：在飞机遇险的危急关头，周恩来同志毫不犹豫地将伞包让给小扬眉，并命令大家不要管他，不要慌张。这部分内容扣人心弦，教师要抓住人物的语言、动作描写，引导聋生细细地品读、感受，圈出"立刻站起来""几步跨到""马上解下""不要管我""要沉着""不要慌张"等关键词句，并辅以动作让聋生模拟演一演，从而体会周恩来同志在生死攸关的危急关头，毫不犹豫地把生的希望让给别人、把死的危险留给自己的崇高品质以及对革命后代的深切关爱。教学中，教师指导聋生反复朗读，想象当时危急的画面，边读边体会人物的心情，自然渗透周恩来同志临危不惧、舍己为人的美好品质。在课后拓展阅读中，还可以收集周恩来同志的其他感人事迹，进一步体会周恩来同志的高大形象。

将语文教学与思想教育自然融合，能起到润物细无声的作用。但是，教师要把握好两者结合的度。牢记语文课姓"语"，要围绕聋校语文课程的性质和目标，注意语文学科的特点，切忌将语文课等同为思想品德课、政治思想教育课、道德说教课等。

二、语文学习和思维发展相结合的原则

在语文学习中发展学生的思维能力，是 20 世纪 80 年代以后提出来的一条重要的语文教学原则。思维能力是一个人智力的核心，它表现在反映客观事物深刻、正确、完全的程度以及解决实际问题的速度和质量。《聋校语文课标（2016 年版）》总目标第四条提出"在提高语言能力的同时，发展思维能力"，将思维能力作为语文课程的总目标之一并写进课标，反映了对学生思维能力培养的高度重视。

语言是人们沟通与交流思想的工具，思维是人对客观外界的认识活动。语言和思维关系密切，表现在：一方面，语言是思维的外壳，思维靠语言来组织；另一方面，语言的存在依赖于思维，语言是思维的直接显示，离开思维的语言只是一连串没有意义的声音流（吴忠豪，2004）。据聋校教师反映，聋生的书面表达能力普遍较弱，表现在词汇量少，语句不连贯，句子成分残缺，有的作文通篇无中心无重点，内容零散，思路混乱。审视如此现状，固然有聋生语言理解和积累不足的原因，但也反映出思维能力训练不够的问题。因此，语文教学中不仅要重视聋生语言能力的培养，还要加强思维能力的训练。

在语文学习的过程中，聋生的直觉思维、形象思维、逻辑思维、辩证思维和创造思维也在同步发展，可以说，聋生学习语文的过程也是其思维发展的过程。作为教师，我们首先要有培养聋生思维能力的意识，在教学中保护好聋生的好奇心、求知欲，鼓励他们崇尚真知、勇于探索创新，鼓励他们养成积极思考的良好习惯。以聋校《语文》三年级上册园地二"我的发现"为例，在识字时，教师要鼓励聋生认真观察字的结构，运用分析、比较的方法，以发现三行字不同的结构特点，从而归纳出左右结构、左中右结构、上下结构、上中下结构、半包围结构和全包围结构的基本特点，以加强归类识字的意识。这个过程，既使聋生学习了汉字又训练了聋生的逻辑思维能力。再如，在阅读教学中，我们鼓励聋生启动生活经验和想象能力，提醒他们"一边读一边想"，脑海中要形成与课文内容相应的画面。将抽象的语言文字符号转化为具体、生动、形象的画面，唤起聋生对事物表象的回忆，形成与课文语言相应的形象，这也是形象思维训练的过程。由此可见，语文学习和思维训练是紧密结合的，教师要利用好语文学习各环节，培养聋生的思维能力。

三、知识学习与能力训练相结合的原则

语文知识的学习，最终指向实践运用。通过语文课程培养的必备知识和关键能力，需要聋生在积极的语文实践活动中积累、建构并在真实的语言运用情境中表现出来。因此，在语文教学中，要坚持知识学习与能力实践相结合的原则。坚持这一原则，教师应做到以下三点。

（一）抓实语文基础知识教学

基础知识是构成语文学科的基本框架。义务教育阶段的语文课程内容具体涉及识字与写字、阅读、写作、语言交往和综合性学习五大领域。聋生学习和掌握这些必备知识，是他们理解和学习高中、大学阶段更高层次学习的需要，也是学习和理解其他学科知识的基础。打牢义务教育阶段的语文知识基础，有利于聋生今后的自主学习和终身教育。

（二）注意内容和方法的适切性

在教学时，教师要注意教学内容的数量和难易度的把握。教学内容含量也要适合该班学生实际，所讲知识要有一定的难度，既不能因为内容过于简单而令聋生心生厌烦，也不能因太难而使他们无法掌握。在选择教学方法时，教师既要考虑课程目标、聋生已有的知识基础和智能发展水平，还要考虑到聋生接收新知识的特殊性，注意激发和培养聋生的动机、学习兴趣和创造性。

（三）重视基本能力的训练

聋生要掌握的基本能力包括积累、梳理和整合语文知识，具有良好的语感，能运用语言文字进行沟通交流，运用知识解决问题的基本逻辑思维能力等。在教学中，培养聋生学会这些基本能力，对其未来成长和发展至关重要。随着社会的发展，知识更新的速度日渐加快，聋生形成的基本能力要助力其自学和发展，有利于掌握更多的新知，这是聋生可持续发展的关键能力。因此，在教学中，教师要创造各种条件，鼓励聋生通过认真观察、亲身体验和动手操作，将获得的语文知识转化为听说读写的具体技能，在语文实践中学语文、用语文，掌握学习语文的基本方法和语言运用的规律，形成未来生存必备的关键能力。

四、循序渐进原则

循序渐进原则要求教师严格按照聋校语文课程知识的内在逻辑结构和聋生的认知发展顺序系统而连贯地进行教学，使聋生的语文知识、关键能力和必备品格形成完整的体系。循序渐进是最基本的教学原则，是教师教的原则，也是聋生学的原则。贯彻这条原则时，教师要注意以下几点。

（一）按编排体系进行教学

教师要尊重聋生的学习基础和教育需求，在正确把握聋校语文教育特点的同时做好各领域知识间的衔接，确保语文课程目标的有效落实。

在语文教学中，识字与写字、阅读、写作、语言交往和综合性学习等五大领域具有不同的知识体系和学习顺序。教师要按照教材编排的内容体系，兼顾不同领域学习内容，处理好各领域内容之间的衔接，从而促进聋生语文学科核心素养的提高。为此，教师应努力做到：既要宏观地把握语文课程的知识体系，又要微观处理好各领域知识的衔接、知识与能力相互转换等各种关系，以保证知识的科学、有效。有的教师在没有弄清楚聋校语文课程的性质和目标的情况下，将语文课等同为思想品德课、生活课、劳动课，语文教学的科学性无从谈起。语文教学的科学性原则就是要求教师熟悉课程的任务和目标，根据聋生学习语言文字的身心特点开展语文教学，使其掌握简单实用的语文知识和技能。

（二）遵循认知规律组织教学

聋生的认知一般按照从已知到未知、从具体到抽象、从易到难、从简到繁的顺序发展。教学时，教师应明确聋生语文学习的能力基础和特殊教育需求，注意按照聋生的认知规律安排教学内容，设计课堂活动，布置学习任务，使聋生的语文能力得到有序发展和提升。

（三）指导聋生渐进式学习

指导聋生循序渐进地学习，对培养聋生养成良好的学习习惯有重要的作用。教师要注意给聋生做出循序渐进学习知识的示范，同时进行有效的指导。在一年级的写话练习中，可以先从写一个简单句开始，逐步添加成分，变成复杂句。如"姐姐吃了面条""我的姐姐吃了一碗面条""今天早晨，我的姐姐吃了一碗生椒牛肉味的面条""今天早晨，我的姐姐在面馆里吃了一碗生椒牛肉味的面条"类似的写话练习，如此循序渐进训练，指导聋生按照知识的深浅与前后的逻辑关系不断地积累知识。

五、因材施教原则

因材施教原则是指教师从学生的实际情况出发，根据学生的个体差异而开展教学，使每个学生都能获得最优发展。在聋校语文教学中，贯彻该原则要做到以下几点：

第一，要研究聋生的特点，设计有针对性的教学。了解每位聋生的特点是因材施教的前提。教师应注意班级中聋生的个体差异，在教学内容的组织与编排上考虑聋生已有的知识基础和生活经验。必要时，教师还应做到分层教学，为不同能力层次的聋生分层设置教学目标，课堂提问、作业设计、考核方式也可体现分层，尽量使每位聋生都能学有所获。

第二，既要照顾个别差异，还要面向全体聋生。教学要面向全体，使教学的深度、广度和进度符合该班大多数聋生的学习需要。对极个别学习确实有难度的聋生，宜采取个别辅导的方式，逐步提高其学习能力；对个别学习能力超常的聋生，可根据其兴趣爱好适当布置超出一般水平的作业或任务，使他的潜能得到更好的发掘，但不能因为过度照顾学生的差异而忽略班级大多数聋生的发展。所以，面向全体和照顾个别差异要结合起来。

六、直观性原则

直观性原则是最基本的教学原则之一，是在教学中通过直观教具（如实物、图片、模型）、现代教育技术手段、生动形象的动作表演或形象的语言描绘等，引导聋生对所学知识形成表象认知，从而获得感性认识。直观性原则对聋校语文教学来说有重要的意义。因为低年级聋生的思维发展以直观形象思维为主，发展抽象逻辑思维还需要一个长期的过程。强调直观教学，合理地将抽象的语言符号以形象、直观的方式呈现，契合聋生的身心发展特点，能促进聋生对知识的学习。以聋校《语文》一年级上册为例，书中配有很多形象直观的插图，教学中就可以充分利用这些资源，或者根据需要再补充其他的实物、照片等，让聋生对相关的概念形成具体的印象，便于知识的吸收和理解。

直观教学对于聋校语文教学有着重要的意义，但我们要意识到直观只是一种教学手段而非目的，它辅助聋生对抽象语文知识的理解和吸收。一般情况下，年级越低，实物、图片的直观教学运用得越多。随着聋生年级的升高和抽象逻辑思维能力的发展，教师的语言直观、图示图表、思维导图等逐渐增多，到高年级要凭借语言文字发挥想象能力、结构分析能力等，此阶段就要重点培养聋生的抽象逻辑思维能力和空间想象能力。

七、启发性原则

《论语》中说："不愤不启，不悱不发，举一隅而不以三隅反，则不复也。"此句体现了启发性的教学原则。具体来说，启发性原则指的是在教学中，教师依据学习过程的客观规律，运用各种教学方法充分调动学生学习的主动性、积极性，引导他们独立思考、积极探索、生动活泼地学习的教学原则。

在聋校语文教学中，聋生因生活经验不足，不会自觉、主动地运用学习策略，这需要教师运用直观教具，配合生动形象的手语、有效的提问、多样的课堂互动等，让聋生聚焦教学内容，激起他们学习的兴趣，启发他们独立思考、参与小组合作等，以顺利地开展教学活动。贯彻启发性教学原则，首先要加强学习目的性的教育，调动聋生学习的内在动力；其次，要建立民主平等的师生关系，创设和谐的教学氛围，尊重聋生的主体性，把课堂的话语权交给他们，鼓励聋生大胆发表自己的不同意见，允许向老师提问、质疑等，真正地发扬教学民主。

八、巩固性原则

巩固性原则又称充分练习的原则，是指教学要引导学生在理解的基础上，将知识和技能牢固掌握并保持在记忆中，并能根据需要迅速再现。这是学科教学的一个重要原则。孔子主张"学"与"习"并重，提出"学而时习之""温故而知新"，这充分说明及时温习、复习所学知识的重要性。

艾宾浩斯的遗忘曲线告诉我们，遗忘是人类记忆的自然规律，但对所学知识及时地复习和巩固，是可以缓解遗忘进程的。受此启发，教师重视课后习题的设计，加强巩固练习，能够大大提高聋生的记忆水平和学习效率。如，当聋生学习了新词"灿烂"，教师可设计造句、选词填空、连词成句等练习，让"灿烂"一词反复出现在不同的语言环境中，与聋生不断见面，使聋生对该词加深理解、逐步熟悉，最终达到灵活运用的目的。教学中，复习巩固随时都可以进行。课前，通过提问让聋生对上一堂课的内容进行回顾；课中，讲解知识时联系以往所学进行抽问、测试；课后，让聋生做作业、朗读、背诵或默写等。

运用巩固性原则，教师要注意指导聋生在理解的基础上运用正确的记忆方法，但不主张机械记忆、死记硬背式的复习。此外，还要创设各种知识应用的情境，提高聋生将所学知识运用于实践的能力。

九、缺陷补偿与潜能开发相结合的原则

补偿即补足，是指在某方面缺失，从另一方面获得。补偿教育原则认为，特殊教育过程中，要针对特殊儿童不同的身心特点，尽量用健全器官来代替受损器官的组织功能，充分发挥特殊儿童的内在潜能，增强他们的适应能力。对于聋生来说，补偿性原则是基于他们的听觉障碍或听觉功能丧失，而导致其在听、说、读、写方面存在困难而提出的一个特殊的语文教学原则。在听不到或听不清的情况下，我们利用聋生的视觉、触觉、味觉等其他感官，加强功能代偿。例如，在语言训练时将手或纸条放在嘴前感受"b/p"的气流，将拇指和食指放在鼻翼两侧，感受"m/n/ng"的颤动，利用触觉的功能来体会声母、韵母发音的不同。看图学词学句、看图学文、看演示说一说写一写句子和演课本剧等，这些都是充分利用视觉补足听觉功能缺陷的体现。

补偿性教学原则是针对特殊儿童的缺陷补偿需要而提出的。因此，聋校语文教师在教学设计时，应尊重每一位儿童的发展，充分考虑聋生的听觉障碍和补偿需求。同时，关注其拥有的某些优势潜能，并结合语文教学的具体环境，为聋生提供适合其需要的教育。

第三节　聋校语文教学的常用方法

教学方法是为了实现既定教学目标，在教学过程中师生双方共同完成教学活动的措施、办法，包括教师的教法和学生的学法。目前已知的教学方法很多，依据外部形态及学生认知活动特点分为五大类（李秉德，2001）。

一是以语言传递信息为主的方法。它是指教师运用口头语言向学生传授知识、技能，以及以学生独立阅读书面语言为主的教学方法，主要靠书面语言和口头语言交流来实现，以讲授法、谈话法、讨论法、读书指导法等为主。二是以直接感知为主的方法。它是指通过实物、直观教具演示、组织教学参观等，使学生利用感官，直接感知客观事物、现象，获得知识的方法。形象性、直观性、具体性和真实性是其显著特点，以演示法、参观法为主。三是以实际训练为主的方法。它是通过练习、实验、实习等活动，使学生巩固和完善所学知识、技能、技巧，不断向更高层次发展的方法。该方法注重实践性，以练习法、实验法、实践作业法为主。四是以欣赏活动为主的方法。它是创设一定的情境，使学生通过体验客观事物的真、善、美，陶冶情操、兴趣、理想，培养审美能力的方法。该方法注重陶冶性，以体验法、表现法为主。五是以引导探究为主的方法。它是组织和引导学生，使他们通过独立的探究和研究活动而获取知识的方法。独立性、探索性和创新性是其显著特点，其以发现法、探究法为主。

上述教学方法可在很多学科教学中通用。在聋校语文教学中，由于聋生的年龄特点、学习需要的不同，在选用具体的教学方法时，我们还要根据教材的特点、聋生的学习实际、教师的经验和教学风格等，进行合理设计。以下是当前聋校比较常用的教学方法。

一、讲授法

讲授法是教师通过简明、准确、生动的口头语言系统地向学生传授知识、发展学生智力的方法（黄淑琴，桑志军，2013），包括讲述法、讲解法、讲读法和演演法。教师在综合运用各种教学方法时，多数都会用到讲授法。

讲授法适用于班级教学，便于教师控制教学进程，清楚地阐明知识，体现知识传授的系统性、深刻性和准确性，使学生在相对集中的时间内获得大量的学科知识。讲授法有利于教师发挥主导作用，充分展示教师的语言组织和运用能力，起到示范讲解的作用。但过度的讲授或教师一讲到底，容易使课堂出现满堂灌、填鸭式的教学局面，使学生陷入被动接受知识的状态，不利于学生主动性和积极性的发挥。所以，教师运用讲授法时，要注意以下几点：

第一，结合教学内容，设计需要精讲的知识要点。这在备课环节就要做好准备，抓住教学的重点，设计好需要讲解的关键问题，以引起学生的有效关注。

第二，运用恰当的讲授技巧。如，熟练的语言组织形式，与学生之间的眼神互动，手语、口语及肢体语言的灵活运用等，这些技巧需要在教学实践中不断练习和总结。

第三，做好示范，吸引学生积极参与。如，课文教学中运用讲读法，教师在知识讲解的基础上进行读书指导、示范朗读，同时，还要引导学生练习朗读、背诵等。

此外，教师还要结合其他方法和教学手段，灵活运用讲授法，力求教学取得较好的效果。

二、谈话法

谈话法也称"问答法"，是教师按一定的教学要求，向学生提出问题，要求学生回答，并通过问答的形式来引导学生获取知识的方法，是最基本的教学方法之一。在聋校语文教学中，谈话法既适用于新知的讲解，也适用于旧知的复习巩固。使用谈话法要注意以下几点：

第一，课前充分准备。备课时，教师要熟悉教学内容，清楚教学的重难点。要有谈话活动的预案，设计有针对性的提问和讨论等环节，引导聋生积极思考，帮助聋生掌握知识。

第二，谈话内容须建立在对学情充分把握的基础上。教师要熟悉聋生的学习情况，对其语言能力、知识结构和学习风格应事先了解。清楚哪些聋生的口语能力较强，哪些聋生需要手语辅助，他们对知识的掌握程度如何等。

第三，谈话对象面向全体也要体现差异。教学中设计的问题要面向全班学生，通识性、基础性问题是所有学生都应该掌握的。同时，针对不同能力水平的聋生，设计的谈话内容应体现层次性。让聋生回答适合其能力水平的问题，真正引发其思考，使其看到自己的进步，以促进各能力层次聋生的成长和发展。另外，对聋生的回答应及时、明确地给予评价，让他们知道自己的思考是否正确，对问题回答得较好的聋生要当场鼓励和表扬。

三、情境教学法

在情境教育理论指导下，情境教学法在聋校学科教学中被广泛应用。情境教学法是指在教学中通过各种方法充分创设具体生动的情境，将课文中的语言文字还原为形象，激发聋生学习的情绪，促进他们对语言的理解和运用，从而把认知活动与情感活动结合起来的一种教学方法（邹冬梅，汪飞雪，2012）。

作为我国情境教育理论的创立者，李吉林老师较早地把情境教学作为一种独特的教学方法提出并在理论上进行探讨。在 2015 年 6 月 25 日全国特殊教育学校情境教育研讨会上，李吉林老师说："我亲眼看到、亲身体验到，情境教育在特殊教育课堂里的魅力是不可低估的。我们要想方设法，通过优化的情境，使他们残缺的心灵得到更多的润泽。"此话启发了特殊教育学校教师在教育教学中研究和运用情境教学法。情境教学法在聋校运用的主要途径有以下几种。

（一）通过直观方式展现情境

1. 生活再现情境

运用生活再现情境，即把聋生带入社会、带入大自然、带入生活，或者从生活中选取某一典型的场景，引导聋生去观察、认识事物。以聋校《语文》四年级上册《找春天》为例，课前可以组织聋生开展春游的实践活动。教师带领聋生进入大自然，在公园、田野、山坡、草地、小溪边，留意小草、野花、嫩芽、柳树、桃花、杏花等的变化，并用照片和视频把自己看到的春天记录下来。课堂上，教学相应的课文内容时，可以嵌入春游时收集的资料、图片、视频等，将课文内容与聋生春游时的经历、看到的春景联系起来，从而加深聋生对课文内容的理解，激发聋生热爱春天的情感。对于第二自然段"脱掉棉袄、冲出家门、奔向田野"，第三自然段"害羞的小姑娘""遮遮掩掩""躲躲藏藏"等，可以联系生活举例，并用动作表演的形式，辅助聋生理解关键词句。在聋生熟悉了课文内容，并能够简述八个自然段的主要意思之后，再试着背诵全文。

2. 实物演示情境

教学中，教师根据教学目标的需要和实际条件呈现实物，以实物为中心创设情境，这是一个充分利用生活资源的教学方法。如聋校《语文》五年级下册第7课《爬山虎的脚》，课文第3~5自然段重点写了爬山虎的脚及爬山虎是怎样往上爬的。课文对爬山虎脚的形状进行了细致的描写，可引导聋生勾画出关键词句，如"茎上长叶柄的地方""六七根细丝""像蜗牛的触角""嫩红""蛟龙的爪子"。让聋生边读边展开想象，再呈现真实的爬山虎实物，或者把聋生带到有爬山虎的地方进行观察，接着引导聋生根据课文语句对爬山虎的脚进行描述，从而体会作者细致的观察和逼真的描写，理解课文描写爬山虎的语句，进而领会整篇课文表达的对爬山虎的喜爱之情。

3. 画面再现情境

通过课文插图、简笔画、剪贴画、多媒体课件等画面再现情境的方法，是聋校常用的教学方式之一。聋校新教材配有很多课文插图，使用起来非常方便，绝大多数教师会结合这些插图来进行课文的讲解。另外，简笔画也常在语文课堂中运用。根据课文内容呈现一定的简笔画，能促进师生的积极互动，以深入理解课文内容。如有位教师在《望庐山瀑布》的教学中，引导学生一边读诗句，一边用简笔画勾勒诗歌呈现的图景。教师画出云雾缭绕的香炉峰，学生补充一轮太阳，用紫色粉笔勾出升腾起的烟云；教师寥寥几笔绘出诗人"望"的动态，用白色粉笔勾画如珠帘垂空而下的瀑布，突出了"挂"字的生动与传神。如此，利用简笔画将飞流直泻的瀑布勾勒得雄伟奇丽，犹如一幅生动的山水画。另外，剪贴画、多媒体课件等也被广泛运用于聋校语文课堂教学中。

（二）通过表演体会情境

这里的表演有两种，一是进入角色，二是扮演角色。表演要根据教学需要而调整目标，或理解课文内容，或语言的运用，教师要对学生的表演进行指导。如，在聋校《语文》三年级下册《小蝌蚪找妈妈》课文教学的最后，可以通过分角色演一演的活动，让学生分别戴上头饰，扮演蝌蚪、鲤鱼、乌龟、青蛙等进行对话和活动，激发学生表演的兴趣，同时加深他们对课文内容的理解。

（三）运用语言创设情境

运用语言创设情境，是指教师通过生动形象的语言，帮助聋生将课文内容和生活经验结合起来，使他们形象地感知教学内容（邹冬梅，汪飞雪，2012）。在创设情境时要注意形象性，注重学生的情感体验，调动聋生的想象力。以聋校《语文》五年级下册《女娲补天》一课为例，边读句子边想象，"天上露出一个大窟窿，地上也裂开了一道道黑黝黝的深沟，洪水从地下喷涌而出，各种野兽也从山林里跑出来残害人类"，这是一个怎样的场景？让聋生充分展开想象，运用自己的语言进行描述。

情境教学法是一个意涵比较深、广的教学大法，其核心在于激发聋生的学习热情，丰富他们的情感体验。在教学中，我们要注意理念到位，定位要准，形式上不越位。

四、练习法

练习法是在教师的指导下，学生独立完成一定的书面作业或实际操作，从而掌握知识、形成技能的教学方法。聋校语文课堂常用的练习方法有填空、思考、朗读、背诵、看（听）话写词语（句子）、默写、复述课文等。采用练习法能帮助聋生牢固地掌握所学的知识和技能，符合聋校语文教学的巩固性教学原则。根据聋生的特点，运用练习法的要领如下：

第一，明确练习的目的。练习要围绕教学目标而设计，兼顾语文基础知识和基本能力的训练，还要突出重点、总结方法，注意知识的迁移和运用，避免简单、重复的练习。

第二，练习方式要多样化，能调动聋生的兴趣，激发其学习的积极性。如，在语言交往教学中，聋生会说（比）的内容让他们自己说（比）；不会说（比）的内容，教师要通过视频、图片等，启发、引导他们试试，必要时教师要做示范和补充。练习可以是书面的，也可以是实操的；可以是小组作业，也可以是个人作品的呈现。避免机械、单调的练习方式，注意练习的灵活性和趣味性。

第三，练习要适度适量。练习要有计划，按预设进行，同时保持一定的弹性。照顾全班学生，也兼顾个别聋生的学习差异，尽量因人分层而设。在过重的学习负担之下，聋生易产生倦怠情绪，影响学习效果，因此，练习的题量不能太大。

五、游戏教学法

美国心理学家布鲁纳说，最能激发学生对所学知识产生内在兴趣的莫过于游戏。这正是我们常说的寓教于乐的教育思想。游戏教学法是指将教学内容和生动有趣的游戏结合起来，向聋生传授知识、培养技能的一种教学方法。在聋校的语文教学中，游戏教学法有着重要的作用。运用游戏教学法，营造快乐、轻松的学习氛围，提高聋生参与学习的主动性和积极性，从而获得高质量的教学效果。如，在识字教学中，设计"开火车""摘苹果"的游戏，教师将拼音卡或生字、词语提前设计好，通过游戏来再次巩固聋生对拼音、字词的掌握程度。游戏教学能调动聋生学习的兴趣，深受聋生喜爱。使用游戏教学法要注意以下几点。

（一）明确目的

任何游戏都必须服务于教学目标。教师要始终清楚，运用游戏来组织教学，是为了促进聋生对知识、技能的理解和吸收。游戏只是帮助聋生更好地学习语文，切忌为游戏而做游戏，要把控好游戏的"度"。

（二）讲清规则

游戏具有四个相互联系的成分：游戏任务、游戏信号物、游戏行为和游戏规则（顾明远，1998）。教学中，我们要使聋生清楚地知道游戏的规则，明白游戏过程要注意的问题等。如果是新游戏，老师除讲解清楚外还要做示范。聋生了解了游戏的规则和方法后，再开始游戏，这样才能保证游戏教学的效果。

（三）形式多样化

游戏的设计要结合聋生的年龄、性格和学习基础进行，体现多样化和灵活性。同一个游戏不适宜久玩，否则缺乏吸引力和新鲜感。教师可以结合实际不断设计和开发新游戏，以适应教学的需求。在教学中，还要根据教学内容和课堂节奏灵活调整和把控游戏，对于游戏过程中出现的意外要能冷静、灵活处理。

每种教学方法都有其特点、优点与不足，需在一定的条件下使用才有效。"教学有法，但无定法，贵在得法"，无论使用哪种教学方法，只要符合教学规律、适合学情、能服务于教学目标，都是适合的教学方法。在聋校语文教学实践中，通常是多种教学方法综合运用。鼓励教师根据教学目标和要求，结合教学内容和学生实际，以及自身的教学风格、教学资源等，灵活使用并不断创新教学方法。

第四章　聋校语文知识教学

聋生是语文学习的主体，教师的"教"应着眼于聋生的"学"。《聋校语文教学方法论》一书力求反映"教"与"学"的规律，探讨聋生"学什么""怎样学""学到何种程度"等问题，"学"决定"教"的内容和方法选择。为了探讨聋生语文学习的规律，需要深入研究识字与写字、阅读、写作、语言交往和综合性学习等，以全面提高聋校语文教学的质量。

第一节　识字与写字教学

规范运用祖国语言文字的前提是学会识字与写字。识字与写字是聋校语文教学的重要内容，包括汉语拼音教学、识字教学和写字教学三部分。

一、汉语拼音教学

汉语拼音作为识字的基础，伴随着聋生语文学习的各阶段，是聋生练习发音、说话、识别口形的重要工具。在《聋校语文课标（2016年版）》的识字与写字板块中，汉语拼音是其中的重要内容之一。汉语拼音在聋生利用残余听力、掌握有声语言和发展书面语言中发挥着重要的"拐棍"作用，是聋生与人进行语言交往、参与社会生活的必备条件。

（一）教学内容

汉语拼音教学侧重在聋校语文第一、第二学段，声母及韵母的认识、音节、声调等的教学集中在聋校《语文》一年级上册。随着年级升高，拼音教学的内容在课文教学中同步进行。

1. 声母、韵母

（1）声母

汉语拼音的声母一共有23个，除了y、w外，其余21个声母可以按照发音部位和发音方法来分。按发音部位来分，双唇音有b、p、m，唇齿音f，舌尖音d、t、n、l，舌根音 g、k、h，舌面音 j、q、x，翘舌音 zh、ch、sh、r，舌尖前音 z、c、s。按发音方法分，分为塞音、鼻音、擦音、边音和塞擦音。声母发音时，气流通过构音器官形成的各种阻碍而发出声音。教学中，教师要示范发音部位和方法。聋生借助发音镜、发音器官图、发音视频、压舌板等，协同视觉、听觉、触觉和运动觉等练习发音。

（2）单韵母

单韵母共 6 个，分别是 a、o、e、i、u、ü。单韵母的发音，主要靠唇形和舌位的变化进行，气流通畅，声带振动，发音响亮。教学时，先让聋生观察发音口形图和视频，教师进行示范发音，讲清楚各单韵母的发音要领；再指导聋生进行发音练习，提醒他们喉头不过分用力，要轻松、自然。

（3）复韵母

复韵母共有 13 个：ai、ei、ui、ao、ou、iu、ia、ua、uo、ie、iao、uai、üe。复韵母是由两个或三个元音组合而成的韵母，是固定的语音整体。教学中，在正确发单韵母音的基础上，再练习发复韵母的音。具体策略是从前一个元音滑向后一个元音，舌位和唇形逐步发生变化，中间没有停顿，气流不中断，迅速形成一个自然连贯的整体音，最后保持收尾元音的口形。

（4）鼻韵母

鼻韵母是指由一个或两个元音后带上 n 或 ng 复合而成的韵母，分为前鼻韵母和后鼻韵母，共有 15 个。鼻韵母中以 n 为韵尾的叫前鼻韵母，有 8 个，分别是：an、uan、ian、üan、en、un、in、ün。后鼻韵母是以舌根浊鼻音 ng 为韵尾的鼻韵母，有 7 个，包括 ang、iang、uang、eng、ing、ong、iong。鼻韵母的发音，关键是读准 n 和 ng 音。

（5）特殊韵母

特殊韵母只有 1 个，er。在汉语拼音中，别的韵母都可以与声母相拼，而 er 不能和任何声母相拼，只能自成音节，所以说 er 为特殊韵母。

2. 音节

汉语拼音的音节是由声母和韵母组合发音的语音单位，有时单独发音的韵母也是一个音节，比如 en（嗯）、a（啊）。在音节的教学中，有残余听力的聋生尽量读准音节，听力较弱及无听力的则显示正确的发音口形。在音节的意义方面，教师要引导聋生结合图片、具体事物、生活经验和视频资料等，理解音节所代表的实际意思。

3. 声调

除了声母、韵母和音节外，拼音教学还要注重声调的教学。声调是汉语拼音中固有的，可用来区别语音的高低升降之变化。普通话的汉语拼音共有四个声调，分别用声调符号"ˉ ˊ ˇ ˋ"表示，即我们常所说的第一声（阴平）、第二声（阳平）、第三声（上声）、第四声（去声）。四声教学要求聋生认识这四个声调符号，知道每个声调表示的读音不同。教学中通常用顺口溜、声调歌或口诀等，如"一声平，二声扬，三声拐弯四声降"，边读边用手势辅助聋生记忆。

4. 书写

《聋校语文课标（2016年版）》指出，要"正确书写声母、韵母、音节"。汉语拼音的书写，要求在四线格上正确、工整地书写声母、韵母并抄写音节。教学时，教师要注意讲解，板书示范，结合教科书中拼音书写的四线格示例，让聋生观察拼音在上格、中格或下格中的占位，并跟着书空。在拼音书写的练习中，教师应适量布置书写任务。对个别书写困难的聋生，要进行个别辅导。对聋生的书写作业，我们还要注意及时评价，对不正确的拼写要立即纠正，鼓励他们的每一次进步，对写得好的则积极肯定和表扬，帮助聋生增强写好拼音的信心。

（二）拼音教学的策略

汉语拼音是聋生语文学习中最为基础，也是识字与写字教学的重要内容之一。在听力受限的情况下，要识记大量抽象的拼音符号并拼读音节，对聋生来说较难，加上反复操练的过程相对枯燥，聋生易产生畏难、厌学心理。为此，我们要注重拼音教学的策略。

1. 图、音、形整合学拼音

汉语拼音中声母、韵母的音和形之间没有直接关联，对拼音的读基本上靠机械记忆。聋儿以形象思维为主，图片的直观性和形象性符合其身心发展特点，有助于知识吸收。聋校《语文》一年级上册的拼音内容中，每个声母和单韵母都配有手指语、发音口形图或表音表意的插图。为此，教师要认真研读课文插图，充分利用插图教聋生学习发音，并通过形象直观的方法帮助聋生记住声母、韵母的形。如，教单韵母"o"时，利用课本中表音示形的插图、发音口形图和指式图进行教学。让聋生对照插图，说出公鸡打鸣时吐出的音像什么，然后模仿口形图和教师的发音示范，进行发音练习，在熟练发音的基础上加上"o"的手指语。另外，课后练习、语文园地中也有大量的插图，图、音、形整合在一起，为聋生提供记忆线索，帮助聋生学好拼音。

2. 联系生活学拼音

"生活即教育"，语文教育应指向聋生的生活。为此，在教学中，教师要结合聋生的生活实际，将拼音与识词学句、认识事物结合，在日常生活中和沟通交流中学拼音、用拼音。具体可通过利用生活经验、再现生活情境、在语境中运用等方式，将拼音教学融于生活中。如教学音节"bǎi（摆）""tái（抬）""dà mǐ（大米）"时，可以联系生活实际，采用图片、实物或模拟情境演示等，引导聋生建立音、形、义之间的联系，认识周边事物和行为动作，帮助聋生理解音节的意思，逐步扩大认识外界事物的范围。

3. 通过游戏学拼音

拼音教学是聋校语文教学中较为枯燥、乏味的内容，加上聋生听力受损，有的在入学前没有经过聋生语言康复训练，这使得拼音教学难上加难。《聋校语文课标（2016年版）》提出了"拼音教学要尽可能有趣味性，宜多采用活动和游戏的形式"的建议。因此，我们在教学中要想办法采用适当的游戏，把枯燥的拼音教学变得生动有趣。游戏的选择要根据教学内容和聋生的学情而定。常见的活动方式有找朋友、开火车、角色表演、拼音接力赛、看口形猜拼音等。开火车的游戏适用范围广，可以用于声母、韵母、拼音音节及字词的复习巩固。

4. 以熟带新学拼音

拼音是识字的重要工具，拼音教学应有意识地与聋生已学汉字相结合。聋校《语文》一年级上册的入学教育部分"我上学了"和第一单元的识字，体现了先认识常用汉字，学习校内日常用语和句子的编排思路。这些字词句的学习，对第二单元开始的拼音学习能产生正迁移的作用，增强聋生学习的成就感。在鼻韵母 n、ng 及平、翘舌音 zh、ch、sh、z、c、s 的教学中，教师也可借助汉字学习的逆向思维来帮助聋生学习发音。如，在学习汉语拼音第 9 课"sh"时，除了配图的"狮"外，还可联系识字单元已经学过的"十""山""石"来练习"sh"的发音。

5. 用儿歌和顺口溜学拼音

诵读儿歌、口诀、顺口溜等是我们喜闻乐见的语文学习方式。用这些方式可以将枯燥乏味的拼音学习变得生动、有趣，帮助聋生更好地记住拼音的口形和读音方法。如，单韵母发音口形的顺口溜：张大嘴巴 ɑ ɑ ɑ，拢圆嘴巴 o o o，嘴巴扁扁 e e e，牙齿对齐 i i i，嘴巴突出 u u u，噘嘴吹哨 ü ü ü。儿歌、口诀、顺口溜等可以由教师自己编，也可借助已有教学资源，还可以启发聋生自己编。

（三）拼音教学的注意事项

1. 课前加强语技练习

低年级的拼音教学，在课前一般要进行语言技能的训练，即通常所说的语技练习。内容包括呼吸训练、嗓音练习、口唇操、舌操、共鸣腔训练等。教师要先进行示范，让聋生认真观察模仿并跟着做。一段时间后，语技比较熟练的学生，可以当小老师上台带着全班同学做，或者全班同学每周一人轮流上台领训。语技练习项目较多，具体形式要结合当堂新授课的内容需要来设计。

2. 运用本音法教学

声母的本音因为不响亮而听不清楚，在普通学校为了教学方便一般用其呼读音。如 g、k、h，读成"ge、ke、he"等。健听学生借助听觉优势，运用声母呼读法由慢到快顺利进行音节拼读，而聋生则因听力障碍，很难把握声母、韵母相拼过程中的变化。比如，在教学音节 hua（花）时，按 h 的呼读音读成"he"，相拼则为 h—ua—hua，健听学生很容易掌握相拼法，顺利读成"hua"。对聋生来说，难以把握拼读过程中各音的变化，不能甩掉帮衬音 e，而错读成 he—ua—heua。

用声母本音教学法（简称：本音法）则能避免上述问题。本音法即用声母本来的音进行拼读的方法，也叫"一呼法"或"支架法"。训练时，尽量用音节中的声母本音与韵母快速相拼，直呼音节，力求一个音节一个口形。具体做法为：先让聋生摆正声母的发音部位，然后在发音瞬间快速发出韵母的音，迅速连成一个音节。拼速快、拼程短、拼音准，呈现的口形比较标准，降低了聋生的拼读困难，有助于他们顺利读出音节。如教学 fā（发），先让聋生摆正声母 f 的发声部位（上齿接触下唇，形成间隙，软腭上升，气流从唇齿间隙摩擦通过而成声），然后打开双唇，气流迅速冲出发"a"音，发音重点放在韵母"a"上并停留，正确显示"fā"的口形。训练过程中，要强调声母的本音轻而短，顺势读出带调韵母音，快速连读，气流不中断。要反复训练，进行大量的练习，才能熟练掌握直呼音节的技巧。

随着年级的升高，音节、识字量越大。运用本音法学会直呼音节，能加快读音节的速度，提高识字学词的效率，帮助聋生学习更多的生字、新词，为后续的语言学习和发展夯实基础。

3. 手指语辅助学拼音

手指语和汉语拼音的表达顺序一致，可以辅助聋生进行发音、正音和拼音学习。《聋校语文课标（2016年版）》要求聋生"熟练地运用汉语手指字母，能看懂手指语"。具体要求：正确打出指语的指式、方向和方位，手指变化适度、美观、流畅，做到指式清晰、稳定，力求对方看懂指语。在低年级的语文教学中，我们要提示聋生养成用手指语识记拼音字母，将手指语与拼音学习相结合的习惯，边拼读边打指语，发挥手指语在语文学习中的作用。但我们要明确手指语只是帮助聋生进行拼音学习。随着年级的升高要提高阅读速度，朗读时做不到一一打出每个字词的音节，有的可以只打声母或不打，采用手势语或口语朗读，但对相应文字的音节学生要能背诵或书写。

4. 发音要求因人而异

《聋校语文课标（2016年版）》指出，"认识汉语拼音，基本掌握拼读方法，口形基本正确。尽可能读准声母、韵母、整体认读音节"。其中"认识""基本掌握""基本正确""尽可能"等词，在掌握程度方面与健听学生有所不同。教师应结合聋生的听力实际进行教学，不宜统一要求所有聋生都读准读清晰。四声教学是难点，完全无残余听力的聋生很难读准音。我们要实施差异性教学，对这些聋生适当降低要求，他们能了解四声的变化，能书空声调符号，能正确写出拼音的音节，基本能跟读即可，保护好每位聋生学习的积极性。

5. 教学形式灵活多样

汉语拼音有23个声母、35个韵母和16个整体认读音节，加上不同声调，它们可以组成大量不同的音节。低年级聋生注意力的稳定性不够，对长时间拼音学习易感到疲乏。因此，我们应遵循聋生身心发展的特点，采取形式多样的教学，集体训练、小组合作、个别辅导相结合，避免机械操练。另外，练习的时间要适量，训练过程中喉头、口腔等发音器官易紧张、劳损，所以要安排时间适当休息。

6. 结合语境强化巩固

教科书对汉语拼音教学的编排体现以下特点：聋校《语文》一年级上册集中学习，后续年级有认识大写字母、利用音序检字法查字典等内容。当聋生掌握拼音这一识字工具后，能借助拼音读生字，辨别发音相近的声母、韵母，能正确、连贯地朗读课文。拼音教学在各年级应有梯度、有层次地进行，教师应有意识地引导聋生加强音、形、义的联系，发展他们的语言能力。巩固拼音的常用途径：随文学习生字，将拼音与识字学词学句、注音课文及阅读教学有机结合；结合生活实际和具体语境，学习与运用拼音；文字沟通中，运用拼音输入法；课外阅读运用音序检字法查阅工具书等。在各种场合学习和运用拼音，增加汉语拼音的复现率和实用性。

根据聋儿的身心特点和学习基础，教师应精心设计拼音教学，使聋生喜欢学拼音、用拼音，在发展语言能力的同时，保持对语文学习的持久兴趣和动机。

二、识字教学

识字是聋生阅读和写作的基础，是聋校语文第一学段的教学重点，也是贯穿整个聋校语文义务教育阶段的重要内容。

（一）识字教学的任务

1. 培养聋生学习汉字的兴趣

《聋校语文课标（2016年版）》提出"识字与写字"的目标："喜欢学习汉字，有主动识字、写字的愿望；对学习汉字有兴趣。"可见，聋生的识字兴趣和愿望是我们需要首先关注的。但兴趣不是先天就有的，而是建立在个体需要的基础上，需要后天加强培养的。聋生由于听力障碍的影响，在学习和理解字词方面与健听孩子相比存在着较大困难，在一定时间内认识大量汉字，其学习积极性需要兴趣维持。所以，在聋校第一、二学段应关注聋生学习兴趣的培养。结合聋生的认知发展规律和汉字本身的特点，以灵活多样的形式开展识字教学，让聋生喜欢学习汉字，以激发其持久的、积极主动的识字兴趣和愿望。

2. 达成规定的识字、写字量

课标在各学段的识字目标中，对聋生"会认"与"会写"字量的要求不同。第一学段认识1200个左右常用汉字，其中800个左右会写；第二学段累计认识2200个左右，其中1800个左右会写；到第三学段累计认识3000个左右，其中会写2500个左右。识字、写字量随年级升高逐渐增加，侧重在第一、二学段，且"会认"多于"会写"。因此，我们在教学中要坚持"识写分开，多认少写"的原则，要求聋生会认的字不一定同时要求会写。

3. 养成聋生主动识字的习惯

《聋校语文课标（2016年版）》在各学段的识字目标是："养成主动识字的习惯，学习独立识字，借助汉语拼音认读汉字，学习运用音序检字法及部首检字法查字典、词典，有较强的独立识字能力。"聋生有了主动识字的习惯，具备独立识字的能力，对其生活、学习和发展都极为重要。独立识字能力是指见到生字能自己拼读字音，识记字形，借助字典、词典等工具书及语境理解字义。从一年级起，教师就应教给聋生常用的识字方法，养成查阅工具书、及时纠正错别字、生活中主动识字等习惯。当有了主动识字的习惯和独立识字能力后，他们自己就能进行阅读了。教师和家长要鼓励并指导聋生试着阅读，做到"读中识字，识字中读"，在阅读中识记汉字的读音、笔画、笔顺和结构，了解字义等。

4. 激发聋生热爱祖国语言文字的情感

识字教学的过程不仅是辨认字音、字形、字义的过程，还应该成为探寻汉字历史，探究中华传统文化的过程（郭乐静，2018）。识字教学要让聋生会读、会认、会用汉字，还要引领他们体味汉字本身蕴含的丰富文化内涵，感受汉字的无穷魅力。如"镜"字，偏旁是金字旁，让聋生知道"镜"与金属铜有关，可讲解我们的先民曾磨铜为镜的悠久历史，也可积累"以铜为镜，可以正衣冠"的古语等。在汉字学习中，让聋生领略我国博大精深的汉字文化，增强他们的民族文化认同感与自豪感，在潜移默化中培养他们健康、向善、向上的审美情趣，激发他们热爱祖国语言文字的情感。

（二）识字教学的内容及方法

汉字是音、形、义的结合体。识字教学应根据汉字特点，围绕字音、字形、字义进行，让聋生对所学汉字建立正确、完整的概念。

1. 字音教学

字音是识字教学的首要一环，学习字音也是对拼音的复习和巩固。汉字是表意文字，不能直接表现读音，只得借助汉语拼音来认读。教学时，教师先指导聋生运用学过的拼音知识，自己试着拼读生字的音节；然后教师示范发音，聋生对照练习拼读；再以小组读、个别抽读等形式了解聋生的发音情况，注意要及时纠正错误的读音；最后再去掉音节让聋生反复读，教师检查其掌握情况。汉字中有部分是同音字，音同而形、义不同，在教学中要加强对这类字的比较、辨析，避免出错。另外，对于多音字，要放在一定的语言环境中进行教学，引导聋生根据词义来确定其读音。

2. 字形教学

字形教学是识字教学的关键一环，也是低年级识字教学的重点。要求聋生能分析与辨认字形，对学过的字能正确再现与运用。识记字形有以下一些方法。

（1）笔画部件分析法

笔画和部件，是汉字字形的基本构成要素。除少数独体字外，多数汉字是合体字，合体字通常由不同部件组成。聋生识记字形往往容易记住字的整体，而忽略字的细节。笔画分析法和部件分析法则可以帮助聋生记住字的细微部分，从而避免记错。笔画分析法通常用于独体字教学中。独体字由基本笔画构成且笔画不多，运用该方法时要讲清楚几个要点：字一共有多少画，每一笔画的名称是什么，笔画所在位置、笔顺是怎样的。部件分析法多用于合体字的教学，最常见的部件是偏旁部首。

（2）构字规律识字法

识记汉字字形，需要了解汉字的构字规律。东汉许慎在《说文解字》中将汉字的构造法总结为六种，即象形、指事、会意、形声、假借和转注。实际上假借和转注并没产生新字，属于用字法而非造字法，因而象形、会意、指事、形声是四种基本的汉字造字法，即汉字的构字规律。识字教学中，教师要以文化的视野引导聋生认识汉字，根据汉字构字规律来分析字形，从而认识并运用祖国的语言文字。

（3）比较辨析法

人的整体知觉一般优于部分知觉，对于整体相近而细节有差异的字，聋生容易记混。在识字教学中，对于这些易混淆的形近字，可通过比较辨析的方法来识记。如"人"和"入"，字形相近，笔画相同，撇捺的位置不同，要引导聋生认真观察、正确识记，再结合各自的读音和字义加以区分。再如"未、末""今、令""为、办""叨、叨""已、己、巳"等，部分聋生也容易弄混。教学时，可把易混的地方用颜色粉笔进行标示，突出差异之处，再结合读音、组词和运用等加以区分。

（4）字谜、口诀法

根据聋生的认知特点和汉字的造字规律，可编一些故事、字谜、儿歌、口诀、顺口溜等，让聋生在读一读、想一想、猜一猜、背一背中，体会识字的趣味性。如"等"字复杂，可以用字谜"土上有竹林，土下一寸金"来帮助记忆，还有"一人一张口，口下长只手"的"拿"，"一人腰上挂把弓"引出"夷"等。读这些口诀和顺口溜时，脑海会浮现出生动的场景图，有助于记住字形。积累一定的识字量后，还可以组织猜字谜比赛，以激起聋生学习的积极性。

（5）游戏识字法

游戏识字，学习氛围会变得活跃、有趣，可激发聋生的识字兴趣，从而提高识字效率。常用的游戏有偏旁部首找朋友、添笔组字、部件拼字、找字中字、加一加、减一减等。在教科书语文园地"我的发现""识字加油站"中，也可见到识字游戏的运用。运用该方法时，教师要先讲清楚游戏的要求，并做示范。如添笔组字的游戏，教师出示一个笔画简单的字，让聋生在这个字上按规定笔画数添加笔画，比一比谁想到的多。游戏识字法调动了聋生眼看、口说、手写的灵敏性，锻炼大脑的积极思维，在愉快的氛围中有效识记、巩固和运用汉字。

3. 字义教学

字义的理解，是学词识字教学的核心也是难点。低年级字义教学主要是通过直观形象的展示，如出示实物、图片（或照片）、课件及动作演示等方式进行。到中高年级主要通过随文识字学词的方式进行。

（1）直观演示法

低年级聋生一般以直观形象思维为主。在识字教学中，教师可将字词抽象的意义通过直观演示的方式，形象、生动地呈现出来，以帮助聋生理解与记忆。常用的方法有图片、实物、多媒体课件展示，表情、动作、活动演示，以及调动多种感官识字。

（2）组词造句法

在聋校第一学段识字教学中，组词、扩词、填空、造句是常用的练习形式，能有效帮助聋生理解和掌握所学字词。教师在每一课的字词教学中要引导聋生给生字组词、扩词，帮助他们加深对字词意思的理解，为正确理解课文内容打下基础。

（3）结合文本法

指导聋生结合课文内容进行识字，遵循"字不离词、词不离句、句不离文"的原则。教材编排除第一学段集中识字的几个单元外，其余绝大多数是随文识字。结合文本内容识字，能让聋生在具体的语言环境中识字，进一步理解字词含义。有些词语在上下文中隐含着相应的解释，教师要指导聋生学会联系上下文来理解字词。但在讲解字词意思时，要避免过度解释。

（4）联系生活实际法

课标对识字教学的建议指出，识字教学要结合聋生的生活经验，引导他们利用各种机会主动识字，力求识用结合。如"学校、商场、公园、西瓜、牛奶"等的教学，是聋生日常生活中常看到的事物或去过的地方，要引导他们结合生活经验来学习，并运用于生活，遇到这些事物要能正确说出、写出其名称。

（5）利用构字法

汉字的构字规律不仅可辅助记忆字形，还有助于字义的理解。象形字的字义主要结合图像来理解。如"日"字的教学，可以指向天上的太阳或出示太阳的照片，问学生"这是什么"，接着学习"日"，让聋生理解"日"最初就是太阳的意思。再利用多媒体课件，呈现太阳的图片、"日"的象形字到楷体字等变化过程，让聋生在字形演变中，理解祖先如何抓住事物的主要特征，用笔画或线条将"日"字勾画出来成为汉字的，增强对认识汉字"日"的兴趣。由实物图到象形字，再到现代简化字，一步步引导聋生理解其字义。会意字可从分析字形各部分的意义着手，如"从"字，一个人跟着另一个人向前走，表示跟从的意思。"鲜、采、拿、劣、林、尘"等，都可以利用会意字形的分析让聋生理解其字义。部分形声字的形旁表意，结合该特点来理解字义，如"情"的竖心旁与人的心情有关。对部分偏旁相同的形声字，还可编一些顺口溜来区分，如用"伸手来做操，用水来洗澡，噪音惹人恼，有火烤就干燥，脾气暴躁直跺脚"来巧记"操、澡、噪、燥、躁"字。总之，利用汉字的构字特点来理解字义，能让聋生在感受古人造字智慧的同时牢牢记住汉字。

（6）注解释义法

注解释义法是用字典、词典的书面注解来理解字义的方法，一般要结合具体语境进行正确释义。在预习时，教师要引导聋生读课文后找出不认识的生字、新词，查一查字典词典的解释，试着选择义项，再结合课文词句进一步理解其意思。教师一般要先示范几次，教学生在字典、词典中学会选择义项。聋生掌握了查阅方法后，就能借助工具书试着自己识字了。另外，有的课文，如古诗词、文言文等，课文里就附有注释，要提醒聋生学会借用这些资源来理解字词含义。

三、写字教学

认真、规范写字是聋校写字教学的基本要求。写字教学有助于聋生掌握汉字的字形和结构，也是聋生情感、意志、态度、审美趣味形成的过程。因此，我们要重视写字教学。

（一）学会正确的写字姿势

《聋校语文课标（2016年版）》对第一到第三学段都强调"写字姿势要正确"。正确的写字姿势，不仅有利于规范书写，还有利于聋生身体的健康发育。教师要指导聋生学习正确的书写姿势，包括正确的坐姿和握笔姿势。正确的写字姿势是"头正、身直、肩平、足安"，做到"三个一"：写字时，眼睛和桌面要保持一尺的距离，身体和课桌之间保持一个小拳头的间隔，握笔时手和笔尖要保持一寸的距离。由于低年级聋生对言语的理解能力较弱，对写字的姿势不宜过多讲解。应结合聋生的年龄特点，多采用动作示范、图片或视频等直观形象的方法进行指导。最初写字指导时，教师要手把手地教聋生，一对一地检查、纠正姿势。从一开始就严格要求每一位聋生，形成正确的写字姿势，为规范写字打下基础。

（二）掌握基本的书写技能

掌握基本的书写技能是写好字的关键，也是写字教学的核心。书写技能包括：正确掌握硬笔字、毛笔字的执笔和运笔方法；掌握汉字基本笔画和常用偏旁部首，能按笔顺规则写字，注意间架结构；熟练掌握硬笔正楷字，用毛笔临摹字帖和名家书法等。在学习执笔和运笔后，要指导聋生掌握汉字的笔顺和间架结构。记住汉字的笔顺基本规则，如先横后竖、从上到下、先外后内、先中间后两边等。此外，还有一些补充规则，教学时结合具体的字进行讲解。除独体字外，多数汉字为合体字，因此要写好汉字的间架结构。合体字的常见结构有左右结构、上下结构、左中右结构、上中下结构、全包围结构、半包围结构等。

（三）坚持规范写字的要求

教师对聋生的写字要严格要求，切实保证写字质量。从开始学习写字时，就要求学生规范、工整地写字。教师讲解示范时，要提醒聋生认真看字在田字格中的位置，记住笔画笔顺，进行书空或临摹。尤其是聋生初学写字阶段，教师一定要指导、检查到位。

发现聋生书写出错时要及时指出，耐心讲解，甚至要手把手地教个别聋生写字。到中高年级，鼓励聋生认真观察、学习范字，学习独立写字，对特别难写或笔画繁多的字，教师仍然要进行范写。

教师应根据学生情况和教学内容，合理布置写字任务。关于写字的时间，课标建议，在第一、二学段每天的语文课中要安排10分钟，在教师的指导下坚持随堂练习写字。另外，教师还要处理好写字数量和质量的关系，贵在精而不在多。

（四）养成良好的写字习惯

良好的写字习惯是写好字的基本条件，除了正确的执笔习惯和写字姿势外，还包括写好字的意识、干净的写字环境等。如写字前要削（卷）好铅笔，洗干净双手，保持桌面干净等。到了第二、三学段，要练习毛笔字、钢笔字，还要注意写字后桌面的收拾和整理。教师和家长及时肯定、表扬聋生练字中积极的一面，鼓励他们认真写字、练字，持之以恒，帮助聋生养成良好的书写习惯，通过书法练习获得身心的愉悦。

（五）及时评价写字的质量

教学中，教师要重视过程评价，以促进聋生良好写字习惯的养成，同时激发其持久的写字兴趣。评价的形式有自评、学生互评、教师点评、家长参评。一是充分调动聋生的学习自主性，积极进行自评。每写完一个字，要与范字进行对照，发现不对之处及时改进。二是组织聋生互评，学习借鉴共同进步。可组织写字比赛、书法展示等。三是教师点评，激励聋生不断进步。教师的肯定与赞许，能增强聋生写好字的愿望。所以教师要善于捕捉每一位聋生的闪光点，及时肯定和表扬聋生写字的进步。四是家长参与评价，赏识为主。家长要积极鼓励孩子，肯定孩子写字的进步。总之，教学中，我们要积极评价聋生写的字，对优秀的习字作业、书法作品等予以展示，培养他们的审美能力、鉴赏能力及对祖国语言文字的热爱之情，同时激发聋生努力写好汉字的信心和决心。

【教学课例及评析】

早上好

一、教材导读

（一）教材分析

《早上好》是聋校义务教育实验教科书《语文》一年级下册中的一篇课文。本篇课文有7个生字、9个词语，其中3个词语是与早上相关的事物名称，6个词语是起床后的行为动作，课文采用词串的形式营造出一个快乐而美好的早晨。依据教科书的内容安排和教学参考书的建议，以及聋生依图识字学词的特点，课文共设计三个课时，本课为第二课时，主要学习"刷牙、洗脸、吃饭"三个词语。

（二）学情分析

本班为聋生一年级，共有 7 名聋生。2 名学生有部分残余听力，能正确发音，能认读生字、词语，语言能力较强，为我班的 A 层学生。其余 5 名为 B 层学生，听力完全丧失，能模仿教师口形进行跟读，但理解能力较弱，需特殊关注。

（三）设计思路

根据本班聋生的语言发展状况，结合课文插图、视频课件的动态呈现、适当的肢体语言以及生活场景来调动聋生多种感官的参与，引起聋生的兴趣，并产生沟通交流的愿望。这不但能有效帮助聋生理解生字、词语，还能生动地展现青草、小鸟和小朋友在太阳公公的召唤下，从睡梦中醒来，开始一天的生活，增强课文的整体感和情境感，帮助聋生养成良好的生活习惯。

二、教学设计

（一）教学目标

结合以上学情分析，制定了本课时的教学目标（见表 4-1）。

表 4-1　分层教学目标

A 层	B 层
1. 能认读并正确书写"洗""脸""吃""饭"4 个生字，认识"三点水、口字旁"两个偏旁部首 2. 借助图画，理解"刷牙""洗脸""吃饭"的意思，并能用词语说几句简短的话 3. 掌握卷舌音"chi"的发音部位及方法，养成正确的发音习惯	1. 能跟读并书写"洗""脸""吃""饭"4 个生字，认识"三点水、口字旁"两个偏旁部首 2. 借助图画和动作，理解"刷牙""洗脸""吃饭"3 个词语的意思 3. 模仿教师口形，练习"chi"的发音，了解发音部位及方法
4. 懂得要养成早睡早起、自己的事情自己做的良好的生活习惯	

（二）教学重点和难点

重点：认读并正确书写"洗""脸""吃""饭"等 4 个生字，理解"刷牙""洗脸""吃饭"的意思。

难点：用所学词语进行句子的表达。

（三）学教具准备

课件、视频、拼音卡片、图片、词卡。

（四）板书设计

本课的板书（见图 4-1），突出了四个生字的书写，借助拼音音节帮助聋生正音。

早上好

shuā yá　　xǐ liǎn　　chī fàn
刷　牙　　洗　脸　　吃　饭

洗　　脸　　吃　　饭

图 4-1 《早上好》的板书设计

三、教学实录

（一）语技练习

上课铃响（灯亮），师生问好。
教师带着学生做呼吸练习和唇舌操（略）。

（二）复习导入

1. 拼音练习

师：小朋友们，我们来做一个游戏——开火车，看谁读得又快又好？
教师分别出示声母和韵母卡片，学生开火车打指语读"sh x l ch f u a ia an ian"。
师：大家读得都很熟练。接下来，游戏升级了，请小朋友们来进行拼读练习，先打指语拼读，然后不打指语进行拼读。加油！

2. 复习词语

教师出示学过的词语卡片，抽学生读词语。
教师出示课文插图或与词义相符的图片，请学生把词卡贴到相应的图片下。

（三）新词教学

1. 学习词语"刷牙"

师：小朋友们，这是什么呀？（出示"牙"的图片）

师：指一指自己的牙在哪里？请一位同学在黑板上写"牙"字。（"牙"是一年级上册会写的字。教师先拿着词卡"牙"，学生指着自己的牙齿说"牙"；再对学生书写情况进行点评）

师：请看，图片中的小朋友在做什么呢？

教师出示"刷牙"的图片，生答。教师随即板书"刷牙"，然后出示带拼音的"刷牙"的词卡，请学生拼读词语，教师纠正发音。

师：小朋友们，我们每天起床后要（   ），晚上睡觉前也要（   ）。我们要保护好牙齿。

2. 学习词语"洗脸"

师：小朋友们，看这个视频，小男孩在做什么呢？

教师先播放视频，生答。教师再出示词卡，板书"洗脸"，接着让学生试着拼读。

师：有的小朋友读得不太准确，再跟着老师来读一读。（对拼读困难的学生进行鼓励，并一一教读，纠正他们的发音）

师：（遮住词卡中的"洗"，指着学生的脸问）这是什么？

生答：脸。

结合课文插图，教师依次指示图上的水龙头、盆里的水和小朋友的动作，问：小朋友在做什么？然后分男女生读词语，再全班齐读词语：洗脸。

3. 学习"洗"和"脸"的书写

师：小朋友们，我们用什么办法来记住"洗"字呢？"洗"是什么结构？（学生思考并回答）

教师在PPT上呈现"洗"的书写，带着学生认识"洗"字的左右结构以及三点水旁，然后让学生认真地观察"洗"字在田字格里的位置、大小。A层学生自学笔顺，教师指名反馈；教师对B层学生予以提示。

师：我们已经初步认识了"洗"字，接下来，我们看看这个字怎么写呢？

教师通过视频软件先呈现"洗"字的动态变化，然后在黑板上的田字格里示范书写，并讲解左右部件在田字格中的位置。

学生练习书写，教师巡视，对书写存在困难的学生进行指导。

师：有没有同学想来试一试？勇敢的请举起手。（两名学生在黑板上写，其他学生在习字本上认真书写。教师指导）

师：我们开动小脑筋，用你的方式识记、书写"脸"字。

回到课文插图，指图让学生接答教师的话：我们每天早晨起床后要（   ）、（   ），晚上睡觉前也要（   ）、（   ），要养成讲卫生的好习惯。

4. 学习词语"吃饭"

师：（出示课文插图）图上的小朋友在做什么？（学生回答，略）

教师出示词卡，先请A层学生读词语，提出要求：读准确。再请B层学生读，教师一个一个地纠正他们的发音。

师："吃""饭"两个字怎么写呢？看看大家有没有什么好办法来记住"吃"字？大家互相讨论一下。

师："吃"这个字是什么结构呢？

学生仔细观察"吃"字在田字格里的位置、大小，A层学生自学笔顺，B层学生由教师指导观察并书写。

师：这里有个新的偏旁部首，叫"口字旁"（教师板书"口"，引导学生齐读：口字旁）。

通过视频软件播放"吃"的书写，教师再在田字格里范写"吃"字，并讲解这个字的笔顺。学生在练习本上书写，教师来回指导并评价。

师：我们再来书写今天的最后一个生字"饭"字。

教师在黑板田字格中范写，学生跟着手指书空。然后再在习字本上写"饭"字，教师指导。

师：（出示"吃面包""吃西瓜"的图片，提问）小朋友在做什么？（学生回答，略）

教师出示词语"吃面包""吃西瓜""吃饭"，学生一起朗读。

（四）复习巩固

1．读一读

看图找出相应的词卡，读一读。（略）

2．说一说

听（看）话，做出相应的动作并说一说。（略）

3．用词语说句子

师：（指着课文插图）小朋友在做什么？谁来说一说呢？

生：小朋友在穿衣/洗脸/刷牙/吃饭。（引导学生分别用学过的词语练习说话）

师：大家说得真好，我们再来读一读"早晨起床后，小朋友在穿衣/洗脸/刷牙/吃饭"。

师：我们要像图中的小朋友一样，早睡早起，起床后穿衣、刷牙、洗脸、吃饭，养成良好的生活习惯。

（五）活动延伸

师：小朋友们，这节课大家表现真棒！现在我们来做个小游戏，拿出你们的手，张开你们的嘴，准备好了吗？（PPT上呈现儿歌《刷牙》。生读完儿歌，师宣布下课休息）

儿歌《刷牙》：

小妹妹，

爱刷牙，

嘴巴小，
牙刷大，
刷呀刷，
刷得满嘴白花花。

四、教学反思

聋生由于听力受限，大多以直观、形象思维为主，且本班聋生处于第一学段，年龄较小，有意注意发展缓慢，容易受外界环境等因素影响。根据聋生特点以及《聋校语文课标（2016年版）》的要求（着力于开发聋生潜能，补偿听力缺陷，重视借助直观形象的手段，调动多种感官学习语文），本篇课文采用视频、图片等方式，给予聋生直观的感受，激发他们学习的兴趣。因学习能力的不同，秉承因材施教的理念及尊重个体差异的原则，我采用了分层教学，对于学习存在困难的B层学生，我给予了积极回应和鼓励。

根据新教材内容以及课标要求，教学要注重调动聋生已有的生活经验，指导他们将语文学习成果运用于生活，设计灵活多样的活动。本篇课文难度适中，但内容量存在过多的现象。本课三个词语教学的方式雷同，教学方法的多样性不够。

五、课例点评

识字、写字是阅读和写作的基础，是第一学段的教学重点，也是贯穿整个义务教育阶段的重要教学内容。本课识字教学注意把握聋生特点，结合聋生的生活经验，分层教学，并运用多种识字教学方法和形象直观的教学手段，创设丰富多彩的教学情境，有助于提高识字教学效率。

建议在本课中设计目标检测和巩固评价环节。通过评价、检测，帮助教学双方了解生字"洗""脸""吃""饭"的认读和书写情况以及词语"刷牙""洗脸""吃饭"的理解和表达情况，将"教、学、评"在学习目标统领下有机整合起来，最大限度地提升教学的有效性。

根据《聋校语文课标（2016年版）》第一学段识字教学的目标与内容——"喜欢学习汉字，有主动识字、写字的愿望""努力养成良好的写字习惯，写字姿势要正确，书写规范、端正、整洁。注意间架结构，初步感受汉字的形体美"，教师还应在识字教学的趣味性、规范性和艺术性方面做进一步思考、实践和提升，尤其是在写字教学方面还可以再完善过程和评价的设计。

课例提供：兴文县特殊教育学校谢艳萍
课例点评：江苏省镇江市教育科学研究中心赵庆

第二节　阅读教学

阅读教学是以培养聋生阅读能力为核心目标的教学活动，是教会聋生感知、理解、吸收和表达信息的重要途径，是聋校语文教学的重要组成部分，并为写作教学奠定基础。阅读教学目标的达成直接影响语文教学的质量，对聋生语文学科核心素养的发展以及其他学科知识的学习，都将产生重要影响。

一、聋校语文阅读教学的作用

阅读教学在聋校语文学科教育中有着非常重要的作用。

（一）培养语文能力

1. 培养阅读能力

阅读是聋生不受声音的制约而感知外部世界的信息通道。通过阅读，聋生可以凭借文字获取外部信息，并整理信息、分析问题和解决问题。聋校阅读教学围绕培养聋生阅读能力的核心任务，教师通过有针对性的阅读指导，引导聋生运用阅读策略读懂文字所表达的意思，从而感知文字所描述的多彩人生和世界。

2. 提高识字能力

识字是聋生阅读和写作的基础，是聋生从自然手语过渡到手势汉语、学习书面语言的重要环节，因此识字能力培养是贯穿聋校义务教育阶段语文教学的重要任务，《聋校语文课标（2016年版）》对各个学段聋生识字量提出了明确要求。阅读教学是聋生识字的重要途径，聋生在阅读教学中认识生字新词，感知不同词汇的口语及口形，会用手语朗读这些词汇。阅读教学让聋生在具体的语言环境中识字，学会自主识字的方法，养成主动识字的习惯，从而增加识字量，促进语言发展。

3. 丰富语料积累

由于听力损失，聋生很难在日常生活中通过有声语言来积累语料，阅读成为他们丰富语言积累最重要的途径。阅读教学中聋生语言材料内化为个人语言储备越充分，越利于聋生自如地完成手语与书面语的转换，这也是聋生表达的基础和提高写作能力的前提。

4. 锻炼表达能力

阅读教学中，聋生通过老师的讲解、同学的交流，阅读视觉媒介，自己也参与讨论、表达观点，提高口语、手语交流能力，养成专注地看、细心地思考的习惯，形成文明交往的态度。阅读教学是聋生书面语表达的基础，将阅读教学中积累的语言材料、感受到的语言形式，结合具体的情境尝试进行表达，提高运用语言文字的能力。

（二）丰富精神世界

1. 引导阅读生活

一个人的阅读史，就是一个人的精神发育史。由于有声信息通道的阻隔，聋生更加需要在阅读中成长。让阅读成为生活中不可或缺的一部分，这种生活方式的启蒙和阅读习惯的养成是从小开始的。阅读教学为聋生开启阅读的天地。培养阅读的兴趣，给予阅读的钥匙，将阅读植根于生活，对于聋生的成长是非常有意义的。

2. 发展思维品质

聋生言语语言障碍对思维发展非常不利，阅读可以丰富聋生的语言，有效提升聋生思维的品质。在阅读教学中，聋生通过朗读、背诵、体悟、想象、比较、概括、复述、质疑、对话等一系列的阅读学习活动，提升观察力、理解力、记忆力，发展想象力、逻辑思维、抽象思维和批判性思维。

3. 提升人文素养

文以载道，阅读教学以课文为载体，通过文字向聋生传递鲜活的场景以及场景中的人和物、事与理。同时，课文中作者的情感与观念以及蕴含着的自然、社会、艺术、人情之美，都在潜移默化地滋养着聋生的性情，不仅理解语言的含义，感受语言形式的精当，在情感上、思想上都得到良好的教育。

4. 促进社会交往

聋教育的目标是促进聋生全面发展、适应社会、融入社会。阅读是聋生认识自我、认识他人、认识世界的一扇窗口，他们在阅读中获得对外部世界更丰富和全面的认知，为良性的社会交往奠定基础。在阅读教学中，聋生与教师、与同学在课堂中的对话帮助他们形成良好的互动模式，让他们与健听人群体交流时接受度更高。聋生能顺畅地读和写，在社会交往中与听人运用文字来进行交流，可以比仅仅使用手语更准确和更深入。

二、聋校语文阅读教学的目标

《聋校语文课标（2016年版）》关于阅读教学的总目标提出："初步具有独立阅读的能力，学习多种阅读方法。有较多的积累和良好的语感，注重情感体验，发展感受和理解的能力。能阅读日常的书报杂志、网页等。初步欣赏文学作品，丰富自己的精神世界。背诵优秀诗文150篇（段）。九年课外阅读总量不少于215万字。"

这段话清晰地概括了义务教育阶段聋校语文阅读教学的基本目标，突出了阅读能力、方法、习惯以及精神成长等要素，并将培养独立阅读能力作为聋校语文阅读教学的主要任务。独立阅读能力包括文本理解、情感体验、语言积累、良好语感等内涵，这就需要掌握正确的阅读方法、灵活调动阅读策略、养成良好的阅读习惯等。独立阅读能力是在充分扎实的阅读实践中逐渐形成的，需要足够的阅读量与语言积累。在阅读实践的过程中，欣赏文学作品，增加文化积淀，充实文化底蕴，丰富精神世界。

《聋校语文课标（2016年版）》还将义务教育阶段聋校语文阅读教学分成三个学段，分别提出了阶段目标，内容涉及朗读、背诵与复述、理解与表达、阅读积累、阅读信息获取等。三个学段对阅读能力的要求是不断递增、逐步提高的。

（一）打好基础

对学段目标有准确而又清楚的定位，是进行语文教学的前提。第一学段是聋生语文学习的起始学段，正确把握这一学段阅读教学的学段目标，不错位、不缺位，才能顺利地达成本学段阅读教学目标，为后续学段阅读教学奠定基础。

"喜欢阅读，感受阅读的乐趣，爱护书籍的习惯"是此阶段阅读教学的第一项目标，这就要求教师要想办法让聋生对阅读产生兴趣，让他们感受到阅读是一件快乐的事情。当聋生觉得阅读是有趣的、快乐的、新奇的，他们在阅读中能获得愉悦的体验，才能乐意阅读、自觉阅读、主动阅读。

第一学段非常重视指导聋生学习朗读。引导聋生注意观察模仿，口语能力较好的聋生尽可能地发音清晰，没有口语基础的聋生尽量做到口形准确，使用手语的聋生学习双手打手语、手形准确、手位稳定。聋生学习朗读是一个循序渐进的过程，要采用恰当的指导策略，允许聋生试错，给予聋生练习的机会，等待他们逐步熟练。

虽然是低年级，聋校阅读教学目标仍然十分重视人文教育。比如"学习借助图画阅读浅近的儿歌、童话、寓言、故事等，获得初步的情感体验，向往美好的情境，关心自然和生命，对感兴趣的人物和事件有自己的感受和想法，并乐于与人交流"。阅读不仅仅让聋生理解文字、积累语言，也是聋生涵养美德、滋养性灵、丰富精神世界的第一步。

（二）积累发展

第二学段是聋生学习语文的过渡、发展阶段。这个学段要继续关注聋生阅读的兴趣，并努力提高聋生的阅读理解能力。从"初步学习默读课文，粗知文章大意"到"联系上下文和已有的语言积累读懂词句的意思，体会课文中关键词句表达情意的作用"，再到"初步把握文章的主要内容，体会文章表达的思想感情"，从粗知大意，到抓关键词句理解，再到体会思想感情，强调聋生真正读懂课文，产生共鸣。

这一学段的阅读教学要帮助聋生掌握阅读方法，形成初步的阅读能力，培养良好的阅读习惯。比如初步学会默读、联系上下文理解、借助工具书扫除阅读障碍、在阅读中展开合理的想象等。

第二学段阅读教学的内容类型更加丰富，难度逐渐提高，阅读叙事类文章，阅读通知、假条、借条等实用类文本，阅读简单的非连续性文本，阅读浅近的诗文等。通过阅读教学帮助聋生感知不同文体的特点及相应的阅读策略，能快速地提取语言信息，在读懂的基础上有针对性地识记和背诵，增加语言积累。

（三）综合提高

第三学段是义务教育阶段聋生语文学习的综合、提高阶段。这一学段聋生的阅读能力进一步提高。

第一，阅读内容进一步拓展。阅读叙事性作品、新闻、说明性文章、简单的议论文、古代诗词和文言文。第二，阅读方法进一步丰富。如"学习精读、略读和浏览等阅读方法""能联系上下文和自己的生活经验，借助工具书理解课文中关键词句的意思""辨别词语的感情色彩，体会其表达效果""在阅读中了解文章的表达顺序""了解事件梗概"等，教师需要结合聋生的学习特点将每一种方法细化成具体的步骤，在实践中帮助聋生逐步掌握。借助多种阅读方法，培养聋生广泛的阅读兴趣，扩大阅读面，增加阅读量，提高阅读品味。第三，注重阅读综合能力提升。提倡聋生通过合作学习的形式，解决阅读中遇到的各种问题，在主动积极的思维和情感活动中，提升阅读素养。该学段还要求聋生开展拓展性阅读，培养信息处理能力和思辨能力，要求聋生能利用图书馆、网络搜集需要的信息和资料，并学会在阅读中快速提取信息，表达自己的观点等。

阅读教学要兼顾多重目标，除了发掘育人价值，还要兼顾总目标、学段目标、单元目标、单篇课文学习目标等。作为聋校语文教师，课前应做足必备的功课：认真学习《聋校语文课标（2016年版）》，领会课程标准关于聋校阅读教学的任务、目标、教学及评价建议。

三、聋校语文阅读教学的结构与流程

聋校语文教师要了解聋生的身心发展特点，结合具体的教学内容，认真研究教什么、怎么教。准确设定教学目标，正确处理教学内容，恰当选择教学方法，保证阅读教学有序有效地推进。

（一）以看图学句为主的教学

看图学词学句是聋校《语文》一年级上下册课文教学的重要形式。对于这类课文中的句子教学，常采用的教学步骤为：第一步，出示例句，理解句意。借助课文插图或图片、视频等，与句子意思对应，引导聋生初步理解句意。第二步，朗读句子。采用多种形式引导聋生朗读句子，加深理解，培养语感。第三步，熟读句子，积累语言。图文对照、动作演示或结合生活情境，熟读句子，深入领会句子意思。第四步，总结句式，进行句子拓展练习。用照样子说一说、写一写句子的形式，引导聋生学会运用句式。

以聋校《语文》一年级上册第14课的"王老师上课"为例，可设计大概流程为：先指导学生观察插图，问：图上有谁？他们在做什么？结合插图教学"王老师"，在了解图意的基础上，结合生活经验理解句子的意思。拓展时，还可结合聋生实际，如"刘老师上语文课""章老师上数学课"等进行句子表达。

对于教材中出现的单个句子，在教学时，可采用看图、观察实物、动作和表情演示、多媒体课件等方式学句。另外，随着年级的升高，更多的是随文学句。这就要充分利用课文学习，结合语境，联系上下文以及聋生的生活经验，重点抓含义深刻的句子、中心句等进行深入的讲解，以突破教学难点。具体教学时，教师要根据教学内容和学情实际，精心设计教学流程，培养聋生理解句意和表达的能力。

（二）单元阅读教学

1. 把握单元语文要素

"语文要素"是语文素养的各种基本要素，包括必要的语文知识、必需的语文能力、适当的学习策略和学习习惯等。纳入语文课程与教学的语文知识，即关于语言和言语、文章和文学的听、说、读、写的事实、概念、原理、技能、策略、态度等。儿童必须具备的语文能力，即能在听、说、读、写中发展语言和思维的能力。养成在把握单元语文要素的基础上，学习语文的策略与习惯，能够以语文的眼光积累学习语文的经验，建构语文学习场。

准确把握单元语文要素，明晰单元阅读教学的重点，将学段常规性语文学习目标与单元语文要素融入常态的语文课堂语言学习与实践活动中。教师要留心教材单元页导读提示，以聋校《语文》五年级下册第一单元为例，精美插图上方的文字"让我们认真看看这美丽的世界"提示本单元的主题是"我与自然"，三篇课文《读不完的大书》《翠鸟》《我家的小小动物园》都与大自然的迷人景色和可爱生灵有关。导读页下方的文字"一边读一边展开想象"提示本单元的语文要素，这是在四年级学习基础上对培养聋生边读边想象的能力强化。

2. 统整单元教学目标

（1）统整阅读教学与其他领域的目标

《聋校语文课标（2016年版）》将学段目标分为识字与写字、阅读、写作（写话、习作、写作）、语言交往、综合性学习五个领域，教材安排与之相对应的教学内容。然而具体在课堂教学中往往是相互交融、一体共存的。聋校语文新教材重视对单元学习目标的统整，教学参考书每个单元的说明文字后，提供了单元教学目标和课时安排。以聋校《语文》四年级下册第六单元为例，教师用书对该单元的教学目标和课时安排作出了详细梳理。在课文部分，第一条目标是关于识字与写字的，第二、三、四条目标是关于阅读的，第五、六条是关于习作的，语文园地部分与1~6条目标各有对应，第九条目标是关于语言交往的。

统整阅读教学与其他领域的学习目标，具体到每篇课文教学的时候，可以把各部分内容相对独立，分配课时来进行安排，比如按照"字词积累与运用—课文阅读与理解—

课内表达与写作"来作安排；也可以依据主线相互交融，这个主线可以是单元语文要素，也可以是单元表达要素，比如以"表达"为主线，则按照"类比课文，指导选材""借鉴策略，迁移训练"来作安排。

（2）统整语文要素与阅读基础性目标

强调单元语文要素这一学习目标，并非将其他阅读教学的常规目标弃之不顾。在思考单元阅读教学时，聚焦单元语文要素也要把朗读、背诵、观察、理解、分析、概括、积累、表达、交流、想象、课外阅读等基础性目标同时落实。

回归教材，细读课文，思考教材选编这几组课文的意图何在、每一篇选文有什么独特的价值。如何考虑学段语文常规学习目标和单元语文要素？在这几篇课文中落实哪些语文知识？重点培养哪些阅读能力？介入什么阅读策略？如何培养阅读习惯？怎样把单元语文要素合理的安排，融合到听、说、读、写的语文实践活动之中？还要思考聋生学习这一单元时他们的既有经验、学习优势和学习难点是什么？想透上述问题，在考虑单元阅读教学的目标时，重点突出语文要素，兼顾基础性目标。然而却不应随意拼凑，而应把单元看作整体进行架构。

3. 确定单元阅读教学思路

课文无非个例子，是阅读教学中落实语文素养的载体。单元内的一组课文和学习园地如何聚焦单元阅读要素展开教学呢？以下提供一些思路供参考。

（1）细化—分解—综合

单元内的课文可以一篇一篇地教，分别落实各自的教学目标。首先结合单元几篇课文的特点将单元语文要素细化，将单元语文要素由易到难地分解到各篇课文中去落实，各个突破，在单元基础训练或阅读习题中再综合。

（2）学习—练习—应用

以全日制聋校实验教材《语文》第13册第四单元为例，这一单元的训练重点是"注意段与段的联系"，共安排了四篇课文、一篇读写例话和基础训练，重点引导聋生从课文各段落内容和形式上去把握段与段的联系。在思考本单元教学的时候，就可以按照"学习—练习—应用"的思路进行设计。

（3）学习运用—自觉运用—交流总结

一个单元的课文还可以一组一组地教，将课文、习题、基础训练进行整合，聚焦单元语文要素构建"学习—练习—应用—迁移—拓展"的递进式教学，通过阅读教学为本单元的写作（表达）训练奠定基础。也可按照"学习运用—自觉运用—交流总结方法"的思路进行安排。

语文教学是灵活、灵动的，采用怎样的思路来整体架构单元的阅读教学，要结合教学内容和聋生的学习基础来综合考虑，探索适合他们的教学，采取能让他们学得懂、学得主动、学得好的教学思路。

（三）单篇课文的阅读教学

在单元阅读教学总体目标指导下，聋校语文教学可借鉴普通教育"教读—自读—课外阅读"的"三位一体"的教学结构，来设计单篇课文阅读教学。

1. 精读课文

精读课文是指需要精读、精讲的课文。一般来说，精读课文中主要是教师讲，讲得比较精、细。教师要理解该课文在单元的独特价值，认真阅读教师教学用书，分析聋生学习本课的知识和能力训练点，拟定课文的教学目标，合理安排各课时教学内容。引领聋生理清课文的阅读方法和思路，举一反三，激发阅读其他课文的兴趣。

2. 选读课文

选读课文指采取自读的方法学习的课文。主要是学生自己读，把精读课文学到的方法运用到选读课文中，自己去尝试和体会。多数情况下，选读课文就是自主性地泛读。精读课文和选读课文的功能有所不同，需要配合进行，才能更好地完成阅读教学的任务。

3. 课外阅读

《聋校语文课标（2016年版）》对聋生九年义务教育阶段的课外阅读总量规定不少于215万字。主要目的是培养聋生广泛的阅读兴趣，扩大阅读面，增加阅读量。在这个部分，教师要加强对聋生课外阅读的指导，开展形式多样的课外阅读活动、比赛等，分享与交流聋生阅读的体会等，营造人人都喜爱读书、乐意读书的良好氛围。

（四）单课时阅读教学

1. 确定基本课型

吴忠豪教授在《小学语文课程与教学（第三版）》中介绍了几种课型的阅读教学过程，可供参考，合理选用。阅读教学的基本课型主要有以下几种。

（1）朗读型阅读教学

朗读型阅读教学把指导学生有感情地朗读作为教学的主要目标和主要手段。借助朗读，使学生整体感受形象、积累语言、培养语感，适用于教学文字通俗易懂的抒情性文章、诗歌和低年段的其他课文，大致有"导入—初读—深读"几个阶段。

（2）探究型阅读教学

探究型阅读教学引导学生发现问题，独立自主或通过小组合作解决问题。探究型的阅读教学摆脱多余的分析和烦琐的提问，注重学生动脑、动手的实践，有助于培养学生的实践能力、思维能力和创新精神，大致有"初读课文—提出探究问题—自主探究—成果交流"等阶段。

（3）导学型阅读教学

导学型阅读教学指导学生运用恰当的阅读策略，学会阅读，旨在让学生在阅读课文的同时掌握阅读的方法，以便在今后的学习和工作中自觉地运用这种方法去获取知识、提高能力、发展智力，大致有"导学—自学—说学—结学—用学"几个阶段。

（4）读写结合型阅读教学

读写结合型阅读教学以探究课文是"怎样写的"为重点，引导学生从课文阅读中领悟写作方法，在课文练习中表达方法，先读后写、读写迁移。读写结合型的阅读教学要防止抛开对课文内容和思想感情的理解，仅仅把目光盯在写作技巧上，大致有"明确目标—阅读课文—领悟写法—迁移写作"几个阶段。

（5）创造型阅读教学

创造型阅读教学敢破敢立，不为常规的教法、程式所囿，不拘一格地采用教学策略、安排教学过程。创造型阅读教学虽然独辟蹊径，但是也必须符合阅读教学的重要理念，遵循阅读教学的一般规律，完成阅读教学的基本任务，大致有"引发动机—阅读课文—内化语言—外化表达"几个阶段。

在阅读教学实践中，许多课都体现出综合型的特征。因文制宜，因课择型，实现阅读教学的优化配置，以获取教学效益的最大值（吴忠豪，2020）。

2. 思考教学组织策略

聋校语文阅读教学需要思考并选择适当的教学方法。就教师"教"的角度来说，有串讲法、谈话法、讲读法、品读法、情境创设法等；从学生"学"的角度来说，有诵读、默读、精读、略读和浏览、讨论、复述、书面表达练习等。具体到单课时阅读教学，教学方法是为达成学习目标服务的。总的来说，教师要尽量精简讲授的时间，要尽可能多地给予聋生语言实践的机会，让他们在实践中增加语言积累，运用语言文字进行表达，受到人文情怀和经典文化的熏陶和启迪，这就需要聋校语文教师采用一些阅读教学的组织策略。

（1）"课前"组织策略

经常有一种说法是"数学不像语文。数学前面的知识没有学过手，后面就没有办法学"。言下之意语文学习是不太需要前导性学习基础的，这是一种误解。语文学科极其强调科学性，知识序列的学习关联性也是非常强的，必须调动课前组织策略，把握教学起点，补救教学漏洞，有序组织预习。

课前测用于摸清学生的底子，找准起点，是阅读教学的第一步。聋生学习的个体差异性很大，课前测的目的并非为"低定"教学目标提供证据，而是提高查漏补缺的准确性。聋校语文教师需要根据研究教材时梳理的核心语文知识和阅读要素的线索，从学生单元测试、课内外作业中检测学生是否"清账"。如果不太了解学生的学业状况，可以设计相应的课前测，当然不必采用"考试"那样的方式，可以依据知识点设计课前练习、口头提问、个别交流等方式。

聋校语文课堂的容量相对较小，需要把一些内容通过安排前置教学，让学生提前进行基础性的学习，课堂上集中力量突破重难点。前置教学可以安排查漏补缺的内容，也可以是为新授课做铺垫，比如，录制词语、课文朗读的手语视频提前发给学生，指导课前朗读。设计导学单，引导学生自学自读，依据导学练习尝试走进文本。提供知识链接，比如复习学生可能会遗忘但课上将要用到的字词、短句，以及以前学习类似课文的学习方法步骤等。

(2)"课中"教学策略

聋校阅读教学课型各异，但一堂课的结构，大致为"引发学习动机—展开学习内容—感悟学习方法—应用拓展"。吴忠豪教授（2004）提出阅读教学"三维整合""意文兼顾""平等对话""体验感悟""开源引水"的策略，值得聋校语文阅读教学借鉴。

进行手语朗读指导是聋校语文阅读教学比较特殊的教学策略。随着融合教育的推进，一般来说，接受人工耳蜗手术或使用助听辅具适应有声环境下学习的聋生大多在普通学校随班就读，在聋校就读的聋生绝大多数是手语使用者。但是，不应该因为使用手语就放弃对朗读的要求和指导，因为看老师讲解分析，学生得到的信息可能是支离破碎的、呈碎片化的。唯有朗读中与文本对话，读懂课文，读出语感，读中悟情，读到方法，才能真正读有所得。聋校课堂手语朗读指导的目标是"会读、乐读、读好"。会读是基础，教师指导聋生会用自然手语读，手语流畅生动；还会用手势汉语读，手语规范、口形正确。乐读是动力，通过默读、浏览、手口同步读等方式，个别读、集体读、伙伴读、角色读等组织形式，学读、练读、赛读（展示）等活动，激发聋生读的兴趣。读好是目标，读出韵律，读出感悟，通过表情、手形、手语力度和速度等的变化来读出手语丰富的表现力。

在支架学习理论的指导下，设计应用学习支架，支持聋生课堂学习活动。听力语言障碍客观上给聋生的课堂学习带来一些困难，聋校阅读教学中也需要结合教学内容和学情设计应用学习支架，以支持聋生课堂学习。通常情况下，设计"导"的支架，给予阅读方法和策略的提示；设计"读"的支架，明确阅读的任务；设计"评"的支架，明确阅读评价的标准；设计"说"的支架，支持手语书面语的转换。

(3)"课后"拓展策略

聋校语文阅读教学要研透课后"思考练习"，可以依据练习题设计阅读教学，在教学中落实阅读教学的目标；也可以依据练习题设计课外拓展练习，引导聋生运用课上所学展开课外学习。

设计课外阅读、延伸拓展学习活动还要重视采用多种方法强化聋生语言的积累，这是由于聋生学习具有识记慢、遗忘快、遗忘率高的特点，如果只是提出"读N遍""背诵""默写"的任务，部分聋生可能会感到枯燥而"偷工减料"，需要设计一些变式练习，设计开展一些语言实践活动，丰富语言积累的方式。课外阅读要努力引导聋生的阅读生活，培养聋生阅读的兴趣和习惯。可以采用阅读清单的方式，明确阅读任务，采用伙伴同读、赛读、分享读的方式，让他们读得有劲、读得有味。

【教学课例与评析】

棉花姑娘

一、教材导读

（一）教材分析

《棉花姑娘》是聋校义务教育实验教科书《语文》三年级上册第三单元中的一篇课文。课文采用童话的形式，寓简单的生物常识于生动、形象的故事之中，课文角色丰富，结构反复，适合三年级聋生阅读学习，并有利于积累和形成语言。该文通过棉花姑娘请求小动物给自己治病的故事，告诉我们燕子、啄木鸟、青蛙和七星瓢虫分别吃不同种类害虫的科学常识。

全文共有六个自然段，配有五幅插图，插图和课文内容紧密结合，有助于学生理解课文内容。图中，棉花姑娘的样子生动可爱，有助于学生体会角色内心的变化。课文第一自然段介绍了故事的起因，第二至第五自然段介绍了棉花姑娘请求燕子、啄木鸟、青蛙给自己治病以及七星瓢虫吃光蚜虫的经过，第六自然段介绍了故事的结果。根据教材内容的安排、教师教学用书的建议，以及三年级聋生已有的知识积累和语文学习的规律和特点，本课安排四课时进行教学。前三课时采用随文识字为重点的阅读教学模式完成对课文的学习和理解，在阅读中实现识字教学的任务；第四课时完成课后练习，对所学的字词句进行拓展、提高和延伸。本课时为第一课时，在整体感知课文内容的基础上，学习理解课文第一自然段。

（二）设计思路

根据聋生"依文学语"的规律和特点，天津聋人学校在低年级语文教学中采用随文识字为重点的阅读教学模式，把识字融入语文学习的整个过程之中，让学生在阅读理解的基础上学词识字，增强聋生对语言文字这一抽象符号的学习兴趣。另外，阅读和识字并驾齐驱，可以帮助聋生跳出识字的局限，让他们在阅读理解的过程中学词识字，在自由地获取和表达过程中习得语言，在全面发展语言能力的同时发展识字能力。

本课时，教师在引导学生整体感知课文内容的基础上，重点学习课文第一自然段，在教学过程中采用以下教学策略：

第一，充分发挥聋生的视觉优势，通过动画、图片牢牢抓住学生的注意力，以图文结合的形式激发学生阅读的兴趣。

第二，充分发挥聋生形象思维占优势的特点安排教学活动，把看图、看演示与认字、学词、学句、阅读理解结合起来，发展学生的抽象思维能力。

第三，教学过程中注重从学生已有的经验入手，在阅读教学中加强对词句的理解、句子的拓展，对学生进行扎实、有效的语言训练。

第四，教学各个环节关注学生听力语言状况，注重学生听说能力的培养和训练；关注学生的学习能力，注重个别辅导，使不同层次的学生都能在自己的最近发展区内得到充分发展。

（三）学情分析

本班为聋生三年级，全班有8名学生，年龄在9~12岁之间。经过两年的学习，多数学生已经具备了一定的识字能力，掌握了一定数量的汉字和词语，习得了一些识记汉字的方法，能够在老师的引导下结合课文插图或语言环境理解重点词句，了解课文内容，并能在老师的指导下结合句式说一些简单的句子。但是，由于学生在认知、理解、接受和掌握知识的能力上存在着一定的差异，在集体授课模式下就要格外关注学生的个体差异，实施分层教学。根据学生的学习基础和理解能力，分成三个层次：A层3位学生思维比较活跃，能较好地感知、理解、掌握和运用所学知识；B层3位学生思维不太活跃，需要在老师创设的学习情境中逐步理解掌握所学知识；C层2位学生认知能力偏低，在知识的学习、理解和掌握上存在着一定的困难。

二、教学设计

（一）教学目标

1. 总体目标

结合以上的学情分析，制定了本课时的教学目标。

目标1：学习课文第一自然段，借助插图、视频资料和学生已有的生活经验理解课文内容。

目标2：随文认识"姑""娘"等6个生字，会写"姑""娘"等5个字，理解由这些生字组成的词语的意思，并学习运用，会打手语及指语读词语。

目标3：能正确朗读课文第一自然段，读出停顿，读好长句，体会棉花姑娘盼望医生帮她治病的迫切心情。

目标4：积累并运用文中短语，模仿课文中的句子，学用"（哪里）有什么"的句式说句子。

2. 分层目标

A层：通过本课学习，在达成目标要求的基础上内化，具备一定的迁移能力，在日常生活中学习运用。

B层：基本完成目标中的要求，能够在老师的引导和同学的启发下运用"盼望"

"治病"等词语说句子。

C 层：模仿老师、同学打出词语的手语和指语，并能理解意思。

除此之外，对于植入电子耳蜗和使用 FM 助听调频系统的学生，注意培养他们倾听的习惯和能力，最大限度地补偿其听力缺陷。对于使用了上述助听设备效果仍不明显和无法通过助听设备进行听力补偿的学生，采用看话、模仿口形、触摸发音部位、手指语等方法帮助他们纠正发音、习得语言。

（二）教学重点难点

重点：初步理解课文第一自然段，随文认识"姑""娘"等 6 个生字，会写"姑""娘"等 5 个字，理解词语意思并学习运用，会打手语及指语读词语和句子。

难点：理解抽象词语，运用句式；正确朗读课文第一自然段，体会棉花姑娘盼望医生帮她治病的迫切心情。

（三）学教具准备

图片、视频、PPT 等。

（四）板书设计

本课教学的板书（见图 4-2）突出生字"棉""姑"的书写，重点词语标注了拼音，目的是借助拼音帮助学生正音。

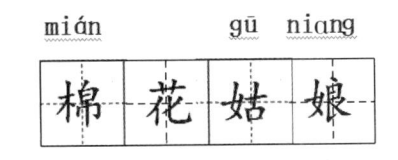

mián　　gū niang
棉花　姑娘

wù　　yá　　　pàn wàng　　zhì bìng
（可恶）的蚜虫　　盼望　　治病

图 4-2　《棉花姑娘》的板书设计

（五）教学实录

1. 激趣导入课题

师：今天，老师给同学们带来了一种植物，想知道它是什么吗？（学生回答略）

师：（点击课件出示棉花图）这是什么植物，你知道它的名字吗？

生：棉花。

师：对，这就是棉花（点击课件，词语与图片相对应，指导学生读词语）。

生：（打手语、指语读词语）

师：（点击视频）在一片棉花地里，棉花长得可好了。绿油油的叶子中间长出了许多漂亮的花朵。不久，花朵凋谢了，结出了果实，果实越长越大，最后裂开吐出雪白雪白的棉花……

生：（观看视频）

师：你们看，棉花的叶子（　　　），棉花（　　　），真美呀！就像一个美丽的姑娘。今天，我们学习的课文题目就是《棉花姑娘》（点击课件揭示课题）。

生：（结合看到的视频和老师的讲解，随老师的提问把括号里的内容补充完整）

（让B层同学先说，A层给予修改和补充，C层学生把老师提供的词卡拖曳到相应的括号里，最后大家朗读句子）

师：通过预习，你们知道"姑娘"这两个字怎么读吗？

师：（点击课件，拼音与文字相对应）同学们预习得非常好，打指语跟老师读一读，强调"娘"在词语里读轻声。

师："姑娘"是什么意思呢？（结合学生的反馈情况采用观看图片、女孩站起来、同学随意说说自己身边哪些人是姑娘等形式，帮助不同层次学生全方位、多角度理解"姑娘"一词的意思）

师：你有什么好办法记住这两个字？

生：结合自己的识字经验进行交流。

师：（播放生字的书写动画指导学生观察生字的书写笔顺，以及每一笔在田字格中的书写位置）

生：（交流生字在书写过程中应该特别注意的地方。学生间在交流、讲解中的语言更容易被同伴所接受，比老师的讲解更容易引起学生共鸣，起到事半功倍的效果）

师：（教师补充并在黑板上范写。板书课题）

生：（在生字本上把"棉""姑""娘"各写一个。此时教师更多关注的是班里学习能力较弱的学生，给予个别帮助和指导，同时根据全班学生的写字情况，有针对性地指导，促进书写习惯的养成和巩固）

【设计意图】课堂伊始，教师首先创设情境，激发学生的学习兴趣，点燃学生的求知欲望，紧接着通过视频播放棉花开花、结果、成熟的样子，运用动态课件，让学生对棉花有直观的认识。"你们看，棉花的叶子（　　　），棉花（　　　）……"意在引导学生加深理解、积累语言、揭示课题，并过渡到"棉花"和"姑娘"两个词语的学习，从而引导学生自然地进入新课的学习。

2. 整体感知课文

师：（出示课件）最近，棉花姑娘整天愁眉不展的，到底发生了什么事？我们到动画片中去了解一下吧。

师：（在观看动画的同时，教师以形象的自然手语给学生讲解动画内容）

师：看完动画片，谁知道棉花姑娘怎么了？

生：长虫子了。

生：生病了。

师：是啊，同学们说得都对！（出示课件）棉花姑娘生病了，她请（　　）、（　　）、（　　）帮她治病，最后（　　）治好了她的病。

生：燕子（口语）。

生：啄木鸟（手语）。

生：青蛙（口语+手语）。

生：七星瓢虫（学生不知怎样表述，用自然手语比画着自己在动画片中看到的七星瓢虫的样子）。

学生在回答的同时，教师点击课件在括号内一一出示动物的图像，最后带领全班同学一起打手语读课件中的这句话。

【设计意图】聋生对文字的感知和理解能力比较弱，特别是班集中有一部分学生还不能够完全通过语言文字实现对课文内容的理解。然而，生理上的代偿功能使他们的视觉表象更加清晰、完整。因此，教学中，教师可充分发挥聋生的视觉优势，利用生动形象的动画视频，将学生带入故事情境之中，帮助学生达成感知、理解课文内容的目的。

3. 初读感知课文内容

师：课文里又是怎么说的呢？这节课，我们就来学习课文的第一自然段，请同学们跟老师读课文。

生：选取自己喜欢的方式跟随老师读课文第一自然段（手语或口语）。

【设计意图】视频的直观形象给学生留下初步的感官印象，紧接着教师把学生带入文本的学习，这样有利于帮助学生从直观形象的动画向抽象的语言文字过渡，促进书面语的学习。在读课文的过程中避免一刀切，学生可以根据自己听力语言的状况选择自己喜欢的方式朗读，增加学生读的兴趣。老师示范的同时关注每个学生朗读课文的情况，针对学生在读课文中遇到的困难和问题及时给予正音。

4. 结合语境理解重点句

师：（出示课件）棉花姑娘生病了，她到底生的什么病呀？叶子上的这些小黑点到底是什么呢？

生：虫子。

生：蚜虫。

师：你们真棒！通过读课文，我们知道了棉花姑娘叶子上的这些虫子叫蚜虫。

师：（在课件中出示蚜虫的图片）叶子上的这些虫子就是蚜虫（点击课件，词语与图片相对应，帮助学生建立图与词之间的联系，指导学生打手语及指语读词语）。

生：（集体读、个别读）。

师：你们见过蚜虫吗？

生：没有。

师：（播放视频）蚜虫是一种很小很小的虫子，它的身体圆圆的，肚子大大的，专门吸食植物身体里的水分和营养,这真是一只( )的蚜虫!

生:很坏的。

生:不好的。

师:是啊,同学们读一读课文中的这句话(点击课件出示句子:棉花姑娘生病了,叶子上有许多可恶的蚜虫),课文中说这是一只怎样的蚜虫?

生:(读句子。个别读、集体读)

生:这是一只可恶的蚜虫。

师:(点击课件,凸显"可恶"一词,指导学生读词认字)。

师:(结合具体的情境引导学生在生活中理解"可恶"的意思)。

师:(可恶)的蚜虫,我们还可以说,这是一只(讨厌)的蚜虫、(可恨)的蚜虫。

生:(在积累本上积累短语)

师:(指导学生再次读句子,读通、读顺并读好长句)棉花姑娘/生病了,叶子上/有许多/可恶的蚜虫。

生:(同桌互读、展示读)

师:同学们读得特别好,有的同学在读"可恶"的时候还加重了语气,让老师感受到了蚜虫的可恶。

【设计意图】班里的学生大多生活在城市,即便在农村生活的学生也很少有田间生活的体验,对"蚜虫"这种危害庄稼生长的害虫更是缺乏了解。教师先从图片到文字,把抽象的词语具体化为学生眼中形象可感的画面,学生凭借画面与抽象的词语建立联系,从而理解了词语含义。紧接着通过视频帮助学生了解蚜虫对植物的危害,为学生理解蚜虫的可恶、棉花姑娘的痛苦扫清了障碍。

师:棉花姑娘身上长满了蚜虫,你们看(出示课件),它的叶子被蚜虫吃得到处是窟窿,再看看她的表情……这时,棉花姑娘最想做什么?

生:棉花姑娘非常痛苦。

生:她最想让小动物帮她把蚜虫吃掉。

生:想让小动物帮她看病。

生:喷药,杀死蚜虫。

师:(在课件中出示句子指导学生借助拼音读句子)她多么盼望有医生来给她治病啊!

生:(借助拼音读句子)

师:在这句话里,有一个表示棉花姑娘特别希望有医生给她治病的词语,你知道是哪个词吗?

生:盼望。

师:(从句中拖动"盼望"一词)我们打指语读一读这个词语。(点击课件)班上的某某同学病了,我们都盼望他快一点好起来,和我们一起上课。

师:天黑了,妈妈还没有回来……

生：妈妈快回来。

师：嗯，盼望妈妈快回来。（手指课文例句）用上句子中的词语"盼望"，把句子补充完整，表达出希望妈妈快点回来的急切心情。

生：我盼望妈妈快点儿回来。（在教师的引导下帮同学把句子补充完整）

生：我盼望妈妈早点儿回来。

师：你说得很棒！同学们还有什么盼望的事情吗？（和同桌说一说，指名说句子）

生：六一儿童节快到了，我盼望妈妈带我去玩。

生：奶奶病了，我盼望她快好。

师：同学们有这么多盼望的事情！刚刚，老师从你们说句子的语气中听出了同学们盼望奶奶的病快点好、盼望妈妈带自己去玩的迫切心情。

教师点击课件，出示句子。教师范读，在读的过程中加重"盼望"的语气，把棉花姑娘迫切想要医生给她治病的心情读出来。

生：[有感情地朗读句子（自由读、展示读）]

【设计意图】"盼望"一词比较抽象，对于聋生来说理解上有一定难度。教师首先从文中的内容入手，通过相近词语的表达引出"盼望"一词；紧接着创设情境，结合学生已有的生活经验帮助其理解；在学生初步理解的基础上让学生运用"盼望"一词说句子；最后再回到文中，加深对"盼望"这个词语的理解，并在老师的示范下学习有感情地朗读句子。

师：棉花姑娘盼望什么？

生：棉花姑娘盼望医生给她治病。

师：是啊，棉花姑娘多么盼望有医生来给她治病啊！（播放课件，图文结合理解"治病"的意思）

师：谁来读读这个词语？

生：（踊跃打指语读词语）

师："治病"的手语怎么打呢？跟老师学手语。

生：（逐一打手语读词语）

师：观看视频，你能用"治病"这个词语说一句话吗？

生：（踊跃说句）

师：这两个字都是本节课我们要学会写的两个字，你们有什么好办法记住这两个字？（指导学生书写"治""病"，重点指导"病"的书写）

生：（交流识字方法，按照老师的要求在生字本上各书写一个）

师：把生字放回到句子中，我们再来读一读。

【设计意图】"治病"的情形对学生来说并不陌生，每个学生都有治病的生活体验，理解起来并不难，只是无法将这样的体验与文字、拼音相对应。教师借了大量的动作演示、图片资料帮助学生建立联系，扎实有效地达到学词识字和理解句子的目的，丰富和发展了学生的语言。

5. 巩固练习

师：（出示课件）我们这里有几道练习题，请同学们抽题回答（学生踊跃举手）。

第1题：根据拼音，打指语，读词语。

第2题：去掉拼音，读一读词语。

第3题：以"捉蚜虫"的游戏形式，复习本节课所学生字。

第4题：模仿"（哪里）有什么"的句式说句子、写句子。（B层学生先说，A层学生给予补充，C层学生打手语读句子）

第五题：按原文内容填空。（A层学生独立完成，达到积累句子的目的；B层学生如果不能独立完成，就借助教师提供的词条选词填空，再背诵积累；C层学生积累词语）

【设计意图】这一环节，教师通过以上练习对字、词、拼音、课文内容进行了全面复习，设计的复习内容有一定的梯度，可以满足不同层次学生学习的需求，检查不同层次学生对本节课所学知识的掌握情况，并会根据学生的实际掌握情况制定个别教育计划，利用个训课对学生进行有针对性的辅导。

三、教学反思

本节课采用随文识字为重点的阅读教学模式，指导学生在随文阅读中识字，避免了单独识字的枯燥，让学生在教师创设的故事情境中，在阅读理解的基础上轻松愉悦地完成了阅读理解和学词识字的双重任务。在设计上，既遵循了聋生的认知规律，抓住了聋生的生理特点，又体现了聋校低年级语文教学的特点；在教学内容的呈现方式上，既满足了聋生的好奇心，激发了聋生的求知欲，又体现了教学形式多样化的特点。

本节课注重从学生的实际出发，结合学生已有的学习经验开展教学；关注学生语言发展状况，挖掘课文中的语言训练点对学生进行语言训练；关注学生的个体差异，实施分层教学，满足不同层次学生的学习需求；充分发挥聋生的视觉优势，借助大量的视频、动画与文字相结合，满足聋生学习和理解的需要。关注文法手语、自然手语、手指语和书面语等多种语言形式的转化，使学生平衡转换习得语言。

本节课形式多样，环节紧凑。一节课下来，学生始终精神饱满，情绪高涨。通过学习，不同层次的学生都达到了预期的目标，掌握了知识的同时也收获了学习的快乐。他们在教师创设的学习情境中落实了学词识字、理解运用、理解积累课文内容、体会人物情感的重点目标。授课的过程中教师采用图文结合、观看视频、图片等形式，注重学习内容与学生学习生活的联系，巧妙地解决了一个个教学难点，可促进学生抽象思维能力的发展，提高学生对语言的理解和表达能力，这一点在本节课的设计意图中已有很好的诠释。

四、教学点评

聋校语文教学不但承担着语文教学的任务（这和普通学校一致），更重要的是承担着建立汉语言体系的任务（这是普通学校所没有的），特别是低年级阶段尤其关键。郭老师的这节语文课，充分体现了《聋校语文课标（2016年版）》的要求和理念。具体有以下几条鲜明的特点。

（一）面向全体兼顾个别学生

本节课教学设计中充分考虑了学情，教学目标进行了分层，为不同学习特点的学生准备了各种形式的教具和材料。教学过程中为每一位学生提出了对应的学习要求和学习安排，在练习和作业中也体现了学生的个体差异，帮助每一位学生形成学习的自信心和成就感，获得积极的情感体验，不断激发学生的语文学习兴趣，进而让全体学生各自习得基本的语文素养。

（二）培养学生的语文实践能力

本节课采用随文识字为重点的阅读教学模式。字词教学并不是单纯的学字学词，而是着眼于概念的建立，通过联系学生已有的语言基础和生活经验，借助多媒体课件，不断拓展字词的内涵和外延，增加不同语境中再现的频率，在字词教学的同时形成完整的概念，进而帮助学生逐步建立语言体系。语文课程是实践性课程。本节课围绕教学内容，教师一直在组织学生开展理解、运用语言文字的语文实践，引导学生观察、体验、操作和句式训练等，培养学生听说读写的能力，帮助学生积累语言，形成语感，逐步掌握语文学习的基本方法和语言运用的基本规律。

（三）运用视觉优势开展教学

聋孩子主要靠视觉来接受信息。本节课尊重学生沟通方式的多元化，口语、手势汉语、自然手语自由转换，满足不同学生的学习需求。在课堂教学中合理有效运用直观、演示的手段和方法开展教学，借助大量的视频、动画与文字相结合，满足学生学习和理解语言的需要。同时在教学过程中，教师也是根据学生视觉学习的特点来安排知识呈现的方式和顺序，提高学生语言习得的效率。

案例提供：天津市聋人学校郭艳玲
案例点评：天津市聋人学校董存良

第三节　写作教学

《聋校语文课标（2016年版）》指出："写作是运用语言文字进行表达和交流的重要方式，是认识世界、认识自我、创造性表述的过程。写作能力是语文素养的综合体现。"写作是聋生运用祖国语言文字表情达意的过程，关注聋生精神世界的成长，既可训练聋生的语言表达能力，又可促进他们思维水平的发展，对聋生今后顺利融入社会生活有着重要的作用。

一、聋校写作教学的意义

（一）提高书面语言表达能力

听力受损给聋生的语言学习带来障碍，一定程度上会影响其语言表达能力的发展。具体在书面语言表达能力方面，通常存在词汇匮乏、语序颠倒、成分残缺、词不达意等问题。这些问题既会影响他们的语言能力和思维发展，也会影响他们的学习和日常生活，导致社会化进程受阻。写作教学以发展聋生的书面语言表达能力为主要目标，培养聋生必备的语文写作能力，促使其运用语言文字与健听人交流沟通，以有利于今后步入社会或踏上工作岗位，能自如地运用语言文字与健听人交流共融，对聋生来讲具有特殊而现实的意义。

（二）培养聋生良好的写作习惯

聋校写作教学不仅注重培养聋生的写作技能，更要培养他们良好的写作习惯。良好的写作习惯能帮助聋生更好地学习写作。如，指导聋生养成在生活中留心积累语言的习惯，从而解决由于听障不能在日常生活中通过自然途径掌握并积累语言的问题。注重引导聋生通过阅读丰富和积累语言材料，指导他们在写作练习中恰当地运用，从而实现读写结合。注重指导聋生正确、有序、仔细、有重点地观察的习惯，从而发挥视觉优势感知外部世界。注重指导聋生养成乐于动笔，不拘形式地写下自己的见闻、感受和想象的习惯，从而丰富聋生表达的通道。注重指导聋生工整书写、仔细检查、认真修改习作的习惯，从而养成细心认真的态度。注重指导聋生挑战一定难度的写作任务，从而培养聋生克服困难、积极向上的精神。

（三）发展聋生的思维能力

聋校写作教学是补偿聋生语言缺陷、发展聋生语言和思维的最直接的渠道。聋生完成一次写作，从审题的全面思考，到选材时调动记忆储存、筛选、组织，再到构思时形成思维的图像，到下笔成文时调动语言积累，还要考虑手语到书面语的转换将思维的图像描述出来，整个过程是非常复杂的心智活动。在写作这项由各种智力因素参与的复杂智力活动的练习中，聋生的观察力、记忆力、想象力、思维能力都能得到训练和发展。

（四）培养正确的价值观和审美情感

写作教学的过程也是育人的过程，能培养聋生健康向上的情怀。在作文训练中，教育学生杜绝抄袭，做诚实的脚踏实地的人；教育学生说真话，抒真情，平实自然表达自己感受到的爱与真诚；教育学生从生活中发现美、体验美、体味美，并用自己的文字记录美、赞颂美、传递美，从而受到美的熏陶；逐步引导聋生在写作中表达自己的观点，如对好人好事的赞扬、对坏人坏事的批评，形成正确的是非观念。聋校写作教学发展聋生的语言文字能力，帮助聋生正确运用祖国语言文字来表达自我，是他们融入社会、获得社会性发展的重要途径，同时也是他们潜移默化地接受中华文化的熏陶和民族精神的滋养的一种途径。

二、聋校语文写作教学的目标

《聋校语文课标（2016年版）》将义务教育阶段的写作教学分为三个学段（第一学段为写话，第二学段为习作，第三学段为写作），在教学实施和评价建议部分统称为写作，还规定了义务教育阶段聋校写作教学的总目标与学段目标。

（一）总目标

义务教育阶段聋校写作教学的总目标：能根据日常生活需要，运用常见的写作方式，表达自己的见闻、体验和想法，做到明确、具体、语句通顺。

写作教学的总目标将写作的实用性、应用性表述得很清楚，从五个方面对聋生写作教学做了规定：其一，写作水平是能明确、具体、通顺地表达；其二，写作内容是表达自己的见闻、体验和想法；其三，写作目的是满足自己表达和日常生活交流的需要；其四，写作方法与技巧是运用常见的写作方式来进行写作；其五，写作的本质是发展书面语言运用能力。

除了写作教学的总目标外，还需关注与聋校写作教学紧密相关的"语言交往"目标：在写作教学中有机指导聋生选择比较适合的沟通方式，文明、主动地进行人际沟通和社会交往。了解口语、书面语与手语表达方式上的异同和进行转换的方法，不断提高人际沟通和融入社会的能力。

（二）学段目标

聋校语文教学三个学段关于写作教学的侧重点不同。

第一学段是写话。写作兴趣与习惯目标是对写话有兴趣、愿意写。写作内容是留心周围事物，写自己想说的话。写作策略是学习运用基本的句式写句子。依据图片内容或生活场景写几句话。根据表达需要，学习使用逗号、句号、问号、感叹号。评价要点是对写话有兴趣。

第二学段是习作。写作兴趣与习惯培养目标是培养书面表达的兴趣，逐步增强习作自信心，养成留心观察周围世界的习惯。写作内容是观察周围世界，不拘形式地写下自己的见闻、感受和想象。写作策略是用简短的书信、便条与人交流。课内习作以片段和简短篇章为主。学习修改习作中有明显错误的词句。根据表达需要，会使用冒号、引号等。评价要点是课内习作每学年不少于 16 次。习作要有一定的速度。

第三学段是写作。要求聋生养成留心观察周围事物的习惯，以有意识地丰富其见闻，积累写作素材。写作策略和文体是能写简单的纪实作文和想象作文，学写读书笔记，学写常见应用文。学习修改自己的习作。正确使用常用的标点符号。写作目的是懂得写作是为了自我表达和与人交流。评价要点是纪实作文和想象作文中心明确，内容具体，感情真实，语句通顺。根据内容表达的需要，分段表述。课内写作每学年不少于 16 次。在 40 分钟之内完成 300 字以上的短文。

三、聋校语文写作教学的过程

听力障碍对聋生的语言、思维乃至情感、认知能力发展都有影响，导致聋校写作教学面临特别的困难。聋校语文教师如果了解聋生写作困难的原因，找到聋生学习写作的基础和条件，精心设计写作教学的内容和目标，积极调动写作教学的方法和策略，就能提高聋生的审题（命题）、立意、收集材料、选材和组材、语言表达和修改文章的能力。

（一）基于课标对写作教学的再认识

从一定意义上说，聋校写作教学厘清"教什么"比思考"怎么教"更难一些，因为 2017 年版聋校语文新教材还未能全学段覆盖，不容易整体把握教材体系。目前部分学校七年级以上的班级仍在使用 1995 年版的全日制聋校实验教材，与《聋校语文课标（2016 年版）》在年代上相距二十多年，其间普通学校语文教育已经进行了三轮课程改革。实验教材的写作教学如何与新课程改革背景下的写作教学理念、方法、策略进行对接，也是比较难以把握的。因此，基于课标来理解、选择、整合聋校写作教学教材，同时结合聋生的学情进行合理的调整使用，是聋校教师必然的选择。

1. 领会写作教学的变与不变

2017 年版聋校语文新教材是根据《聋校语文课标（2016 年版）》编写的。对照课标来理解和使用写作教学教材，能更好地践行课标理念和编者意图，达成课程目标。聋校语文实验教材是特殊教育领域前辈心血的凝结，仔细研读也是非常必要的。

首先，教师要善于发现聋校写作教学的变化。若将《聋校语文课标（2016 年版）》

关于写作教学的相关条文，与一至六年级教科书、各年级实验教材、教学参考书中针对写作教学提出的教学目标及教学要求进行对比，我们可以发现聋校写作教学的目标进行了相应调整。总体来看，实验教材比较强调聋校写作教学的特殊性，偏重于从聋生语言文字学习与表达的特殊性这一角度提出教学目标；新课标和新教材目标框架与普教保持一致，学段划分和难度层级有所区别，同时充分考虑聋生学习特点，偏重于从书面语言表达能力发展的角度提出教学目标。

其次，要把握聋校写作教学的不变。聋校写作教学对本质的坚守没有变，即练习用自己的话表达自己要说的意思，这与普教写作教学的本质是相同的。聋校写作教学阅读与表达并重，最终的落脚点是书面语言表达始终未变。聋校写作教学的规律没有变，依然是指导聋生经历语言积累、语言实践，在写作实践中学会写作；依然是由说到写、先说后写，由词到句、组句成段，由段到篇的循序渐进的过程。

最后，聋校写作教学的追求未变，即不仅仅是教会聋生运用语言文字表达自我和与人交流，更是在写作教学中育人，促进聋生的心智发展与精神成长。

基于新课程标准研读教材，探寻聋校写作教学一脉相承的教育思想和理念，继承和发扬聋校写作教学的经验。发现新课程改革对聋校写作教学带来理念、方法、策略上的改变，对教材进行合理的调整和使用，更好地促进聋生写作能力和综合素养的提升。

2. 合理使用聋校写作教材

聋校以 2017 年秋季学生试用新教材为分水岭，之前仍在延续使用实验教材。截至 2022 年秋期，1~6 年级在使用新教材，其他年级综合使用实验教材和普校教材。两个版本的教材在不同年级同时使用的情况下，教师首先需要研读自己任教学段所使用的教材，同时要关注其他版本教材的内容和体系。总体来讲，教师需要落实编写意图用好手中教材，根据课标精神整合写作教材，依据时代演进丰富写作教材。

(1) 落实编写意图用好教材

聋校语文新教材和实验教材的编写者都是在深入研究聋生语言发展规律和学习特点的基础上，循序渐进地安排聋生运用书面语言表达的学习内容。在使用教材的时候，要用心领会教材的编写意图，感受编写者的良苦用心。

两个版本的教材都着力对聋生写作的全程指导。新教材对不同话题的不同特点，对学生的习作过程进行有针对性的指导，比如设置表达情境激发动机、凸显具体场景拓展素材、提供具体策略指导方法、提出交流要求引导评价等，以解决学生不知道"写什么、怎么写"的问题。实验教材第三学段，每个单元都安排了读写例话。读写例话不仅提示本组的重点训练项目，指导聋生的阅读，也指导聋生运用读写经验与方法进行作文实践。

(2) 领会课标精神整合教材

聋生的手语（或口语）与书面语言发展不是割裂而是同步并进的，语言的发展与思维的发展也是互相促进的。语文课程标准中，写作教学与语言交往、综合性学习是互相呼应、紧密关联的，新教材也很好地体现了写作与阅读、语言交往、综合性学习的整合。教师在教学中要用统整的眼光来看待各部分的教学，可以用同一主题、同类场景来进行整合，形成合力，提高教学效果。

（3）依据时代演进丰富教材

聋校两个版本的语文教材都有大量的插图。教材编排大量的插图旨在为聋生提供视觉媒介，营造视觉情境，使表达训练有具体可感的场景，让学生易于产生代入感，头脑中浮现出比图上更具体、更完整的画面，便于利用课文插图来进行观察和表达训练。

在聋校写作教学中，要用好插图，但不囿于插图，更不能完全依赖插图。如今处在信息时代，教学资源、教学媒介、教学手段已经发生翻天覆地的变化。根据写作教学的目标、教学内容，调动现代教学资源恰当创设视觉情境，可以采用高清图、动图、视频、图示、思维导图等，在把握教材的基础上丰富视觉媒介，也可以结合学生的日常生活，根据写作教学的需要拍摄一些照片等运用于教学。

3. 思考聋校写作教学的内容

（1）把握写作教学的内容体系

普教小学阶段习作教学大体分为三类：写实作文、想象作文、自主表达作文。以写实作文为主，包括状物、写景、记事、写人、写应用文。聋校实验教材将写作教学分为记叙文、应用文、说明文、自主作文、笔谈。以记叙文写作为主，包括写人、记事、写景、状物。虽然分类方法不同，但教学内容总体上是一致的，教学内容的侧重点也是相同的。不同类型的写作内容在写作素材积累、立意与写作思路、写作方法运用等方面会存在一些差异。教师在聋校写作教学中要仔细阅读，用心实践。只有熟悉符合聋校写作教学和聋生写作学习规律的基本范式，把握其核心要求，才能灵活应变，用好用活，进而在实践中摸索和建构自己的阅读教学范式。

（2）细化聋校写作教学的训练点

在聋校语文写作教学中，教师要通览教材，结合教学要求将写作教学的内容序列化，努力使每一次的写作教学课堂都能真正落实写作教学序列中的一个细小的训练点。如，新教材第一学段安排了三次与"动物朋友"相关主题的看图写话。梳理这一主题写话在不同年级的写作要求，可以看出对学生写作相关的观察能力、思维能力、表达能力等方面的要求是循序渐进的。

实验教材写作教学的训练点同样呈现序列化的特点。教师要吸收作文序列化教学的研究成果，结合《聋校语文课标（2016年版）》，对照聋校写作教材，从写作兴趣与习惯、写作内容、写作策略三个维度，分析写作教学目标纵向发展的层级关系，还要分析同一维度教学目标间的横向联系。在此基础上，按由浅入深、由易到难的顺序将各个训练点进行细化，从而围绕写作教学目标，对培养聋生写作能力的教学内容进行合理的安排，形成一个分散训练重点、分步提升写作能力、经纬交织的合理结构，利于按照一定顺序和规律，有步骤有计划地实施作文教学，体现其系统性和科学性。

（二）针对写作疑难展开全程指导

写作教学是聋校语文教学的难点。究其原因，有的聋生害怕写作、内容贫乏、表达无序、方法缺失。教师只有正视问题，探寻缘由，有针对性地采取应对策略。在聋校写作教学中，务实地回应聋生在写作学习中面临的"为什么写""写什么""怎样写""如何写好"等疑难问题，落实写作学习全程的指导，才能帮助聋生学好写作。

1. 调动聋生写作的内在意愿

在聋校写作教学中，聋生在书面语言运用中遇到的困难、缺乏自信以及来自他人的消极评价等，客观上影响了他们书面表达的动力。《聋校语文课标（2016年版）》始终强调写作兴趣与习惯的培养，第一学段重点培养聋生"对写话有兴趣"，第二学段重点培养聋生"书面表达的兴趣，逐步增强习作自信心"，第三学段培养聋生"留心观察，自我表达"，写作动机的培养贯穿于全学段。怎样解除聋生对"为什么写"的疑虑，调动聋生学习写作的意愿，是聋校教师在写作教学中需要考虑的首要问题。

（1）加工写作课题

教材中写作题目是提示写作训练的内容、要求以及训练步骤，比如"看图说、写几句话""看图说、写一段通顺、意思连贯的话"。聋校语文教师在教学时，如果千篇一律地采用"看图写话"作为课题，或者直接把题目要求板书在黑板上，很难调动聋生的学习积极性，需要顺应聋生的身心特点对题目进行加工。比如根据教学目标，选择将教材某一个"看图说、写几句话"的写作教学课列一个课题"我看见……"，并且采用聋生易于读懂的语言进一步表述写作教学的要求。如，先远远地看，再走近观察，用"远远地我看见（　　）。走近一看，看见（　　）。我还发现（　　）"的句式先说几句话，再写下来。加工写作课题可以赋予文题新鲜感，使写作学习的内容、要求指向更清晰，方法提示具体，让学生觉得力之所及，从而愿意写。

（2）链接常态生活

聋校写作教学旨在让聋生用自己的话表达自己要说的意思，如何让聋生产生自己要说的意愿呢？叶圣陶先生说，应该去寻找它的源头，有了源头才会倾注出真实的水来。这源头就是我们充实的生活。写作教学要链接聋生的常态生活，将聋生熟悉的人物、熟悉的场景、熟悉的事件引入写作教学中，让聋生开心地发现"我知道""我看过""我家有"，从而跃跃欲试地想要说，愿意尝试去写。李白坚教授"快乐作文"设置各种有趣的活动，帮助学生观察认识生活，运用各种游戏唤起学生写作激情等经验都是值得我们学习借鉴的。同时，要根据写作教学的需要，组织学生在更广阔的场景中开展学习，丰富生活经验和体验，以此催发出表达的意愿来。

（3）创设表达情境

聋校语文新教材特别注重联系学生的常态营造表达情境，在教学中结合聋生亲历的真实事件、真实对象，让学生知道写给谁看，提升书面语表达的兴趣和意义感。在教学中，还应创设鼓励聋生自由表达的情境，以激发学生的写作动机。注意，创设的情境要使写作带着实用的目的，让聋生有机会运用自己的语言储备和经验去完成任务。情境要有情感的温度，增加聋生写作的目的性，激励他们带着自己的感情投入其中。

2. 指导聋生调动写作练习的素材

李吉林老师（2006）认为，打开思路对于促进学生的表达极其重要，可以通过丰富情境、深化情境、拓宽情境、放宽文题范围、采用多样化表达方式、灵活安排材料等方式打开思路。在聋校写作教学中，如果聋生感到"没有内容可写"或"不知道要写什么"，不是因为他们完全没有或极度缺乏生活经验，而是很难从生活经验中发掘出可以成为写作内容的素材。此时，就需要指导聋生调动写作练习的素材。

（1）引导观察捕捉写作素材

观察就是引导聋生去察看、去发现、去捕捉作文材料。比如校园，这是聋校师生共同学习生活的场所。教师有目的地引导学生用心感受，除了观察校园静态花草树木，还可以从动态的角度去发现与写作学习相似的场景，感受平凡生活中值得记录的点滴，在真实的情境中体悟，抓住细节，发现素材，拓展写作内容。

观察可以培养学生眼、脑、手并用。除了看一看，还可以摸一摸、闻一闻，丰富感知写作素材的方式。多样化的观察让聋生从观察自己的生活中寻找和提炼写作素材，写出所见、所闻和自己的感受。

（2）开展活动创生写作素材

聋校《语文》四年级下册园地四的习作主题是"我们演课本剧了"。在习作之前，在第12课《纸船和风筝》课后安排了活动"演一演课本剧，分配好角色，想好台词，适当添加动作和表情"。在第13课《总也倒不了的老屋》课后安排了第二次课本剧排练活动："分配好任务后，记住自己要表演的内容，准备衣服和头饰，一起来排练：每个演员怎么上场？到了舞台站在哪里比较合适？台词说对了吗？表情动作合适吗？当一个同学表演的时候，其他演员应该怎么做？"在教材的语文园地四综合性学习中安排了演课本剧的活动。经历这三项与课本剧相关的活动，学生积累了与话题相关的丰富经历和体验，都成为写作时信手拈来的素材。

（3）类文阅读触发写作素材

写作教学通常不是要求学生进行文学作品创作，所谓创作大部分时候是仿创结合。这就要求学生有类文阅读的积累，来触发写作素材。当然，进行类文阅读的目的并非"移植好词佳句"或"依葫芦画瓢"，而是让学生通过阅读，发现自己熟悉的场景，回忆相似的经历看看是否可以作为写作的素材，还要让学生从类文的阅读中发现甄选写作素材的标准，那就是与写作主题关系紧密，且真实的、新鲜的、有细节的、有感触的场景和事物。

（4）诱发想象拓展写作素材

聋生的想象力非常丰富，但常常受语言表达的局限，他们头脑中想出的画面难以表达出来，需要采取一定的方法诱发出来。常用的方法是借图添画、现场表演、给予示范等。

聋校语文教材有许多插图。引导学生有序观察图画之后，可以让学生在图上添画或续画出他们想象的场景。多数聋生的绘画能力较强，可借助画笔让他们把头脑中想象到的画面呈现出来，结合他们的画再用语言表达，写作素材就丰富了。现场表演也是同样的道理，采用聋生擅长的方式，给予他们表现的空间。但是要注意绘画和表演是为拓展写作素材服务的，师生的关注点不是放在绘画和表演的技能上，而是看他们呈现的内容。另外，在聋生表达时，还可以通过联系他们自己的生活，发现生活中与之相像的事物，鼓励他们寻找到自己语言表达的方法。

（三）指导聋生写作的策略

聋校写作教学中指导聋生"怎么写"涉及审题、立意、选材、构思等几个环节，虽然看上去相对独立，实际上是互相交织、密不可分的。因此，具体实施指导时需要结合写作教学的内容和目标，抓住重点，读写结合、说写结合、学练结合，提高实效。

1. 理清思路

首先，审明题意。理清思路的第一步是明确自己要做什么事、要求是什么。可以引导聋生读题，读懂题目围绕写作要求做几件事、先做什么、再做什么、做的标准是什么。明确写作学习任务，聋生对整堂课的学习目标和步骤是清晰的。

然后，搭建框架。指导聋生写作的一个关键点是逻辑，即帮助学生理出一个线索、一个发展方向，帮助聋生顺着这个既定的方向进行思考，围绕主题搭建起写作框架。搭建框架可以帮助聋生改变写作中无助和无序的状态，不仅提示学生文章标题、提行分段等文本格式，还提示学生写些什么、按什么顺序写、重点要写什么。常用的方法有表格、写作任务单、思维导图等。

2. 寻找方法

歌德曾说，内容人人看得见，涵义只有有心人得之，而形式对于大多数人是个秘密。文章的表达形式确实是聋生很难发现的"秘密"，需要教师仔细琢磨、化繁为简，再带领学生去找到并运用到写作中。

通常情况下，结合例文让学生发现。在单元阅读教学中学生对写作方法有一定的认知，但是如何一步步地应用，总是缺少头绪。写作教学可以带领学生越过内容关注语言形式特点。有的老师还设计出学生容易理解掌握的习作微课，在课堂上给学生提供不同的方法示范。还有的老师通过巧妙设计活动来教学。比如在看图写话《秋天的田野》的教学中，教师设计了"剪画排序"的活动，让聋生思考《秋天的田野》的图画可以分成几部分，用剪刀剪开，在每个部分写上序号，以这个活动来让学生感受"按一定顺序观察"。

3. 突破难点

聋校写作课堂的容量是极其有限的，受教学时间的限制，要想真正在课堂中突破难点，就需要在课前铺垫。课前铺垫可以是"扫雷式"，即除了课堂要解决的核心问题，把聋生在本次写作学习中可能遇到的问题在课前就解决掉，比如聋生积累贫乏的问题。课前铺垫还可以是"搭积木式"，即把难点分解到单元阅读教学中的表达训练、看（听）话与说话的教学中，写作课在前面教学的基础上集中力量突破难点。

有的老师喜欢将写作课安排成两课时连堂，第一课时把写作方法"讲透"，第二课时学生写作文。其实这样的写作教学效果不会很理想，因为从根本上说，聋生的写作是要靠"练"的，而不是"讲懂"的。更不用说聋生从大量的讲授中把握的信息量有限，作文过程中得到的指导却又不够。比较理想的方式是学一学、练一练。在第一次学练的基础上，学习目标有小小提高，再学一学、再练一练。课堂上安排两三次以上写片段的练习，教师明确每一次动笔的不同目标，有效分解难点，让聋生易于完成。多次累积，达成课堂写作学习目标。课后再迁移学法，按要求完成其他部分或内容的写作任务。

（四）引导聋生展开写作学习的评价

叶圣陶先生（1980）指出，"改与作"关系密切，"改"的优先权应该属于作文的本人，作文教学要着重培养学生自己改的能力。在聋校写作教学中，"评"与"改"往往是结合在一起的，这是指导聋生"如何写好"的重要工作。聋校教师通常采用面批面改、详批详改、范用修改符号、文末附评语等方式来批改作文，再让学生誊抄阅读，特别严谨认真，是非常好的。下面重点讲如何让聋生在作文评改中唱主角。

1. 依据评价标准评一评

聋校语文新教材的写作教学特别重视学生之间的交流和互动，比如要求"和同学交流后再写几句话""写好后读给同学听""先自己修改，再和同学分享"等。聋生在课堂上完成一个小片段的写作练习，教师就可以组织交流和评价。课堂上的交流评价要引导学生指出写作片段中符合题目要求的地方，欣赏精彩部分，发现存在的问题。假如没有特别的指导，聋生受语言表达的制约，很难自己组织语言来评价自己或同学的作文，常常只能说"好"或"不好"，或"哪一句好"。在这种情况下，教师需要提示评价要点。评价要点紧扣本课时写作教学的目标，概况成简明扼要的文字板书在黑板上。或是进一步细化成星级评价标准，引导聋生依据评价要点来评价自己或同学的作文，还可以讲一讲如果要评更高的星级，哪些地方应该怎么修改。由于聋生的作文"语病"经常存在，教师在巡视学生写片段的时候，发现语病可以及时用修改符号进行修改，展示的时候呈现修改记录，简要提示学生即可，课堂评价仍聚焦教学目标和评价标准展开。

2. 参照优化片段改一改

聋生评价自己或同学的作文时，发现作文片段与评价标准的差距不难，难在怎么修改片段才能达到评价标准。此时，教师可以提供优秀作文片段，对照迁移、重点指导。学生对照自己的习作，从正面经验中受到启迪，通过欣赏交流明确了修改导向。聋生对自己的作文进行修改，要再上一个台阶其实是很困难的，除了提供对照借鉴的优秀片段。教师还要善于从每个学生写的片段中发现闪光点，真诚地、具体地进行表扬，鼓励学生继续写作。

关于学生写作修改能力的培养，有人提出"一套符号，两方结合，三种用笔，四个过程，五步改法"的写作修改方法，可以教师示范、师生共改、学生练习，循序渐进、由低到高地应用到各学段的写作修改教学中去。

3. 学生优秀习作展一展

聋校语文新教材注重引导聋生就写作成果展开交流，习作题目明确提出："写完后贴出来，大家一起猜一猜。""把你的疑问写下来吧。做成手抄报和同学交流。""选一个人写一写，写完后，给你写的那个人看，听听他的评价。"在教室环境创设时，可设置"学习园地"，开辟"习作天地"，专门展示学生的优秀作文。因为学生写完作文，在修改、展示、欣赏阅读、交流中，会潜移默化地整理写作知识、加工和储存语言材料，有的同学还会摘抄在小本子上。还可以让学生把一年的作文整理成作文集，图文并茂。更有意思的是把学生不同年级同类主题作文整理成文集，学生可以看到自己的进步，也能发现作文能力一步一步提升的秘密。

【教学课例及点评】

我喜欢的动物

一、教材导读

（一）教材分析

本节课选自聋校义务教育实验教科书《语文》二年级上册第六单元的"写话"部分。教科书中提供了四幅动物的图片，分别是长颈鹿、熊猫、河马和老虎，旨在引导聋生从外形或生活习性等方面写自己喜欢的动物，通过观察，打开写话的思路，从而培养写话能力。

（二）设计思路

《我喜欢的动物》是聋生学习写话的起始阶段练习。对于低年级聋生来说，从看图学句的学习到看图写句的练习是他们在语文学习上的一次飞跃，这一飞跃提升了聋生认识客观事物和运用语言表达思想意识的能力。本课预计一个课时。在设计上，引导聋生不断理解、积累并运用学过的词语，进一步丰富聋生对客观世界的认识。给聋生提供写话的思路和仿照的例子，也锻炼了他们用手语表达的能力和写话的能力。让聋生正确认识图上各种动物的外形特点或生活习性，培养聋生的观察能力和初步的写作表达能力是本课的主要任务。

（三）学情分析

本班一共有 6 名学生，其中男生 5 名，女生 1 名；重度听力损伤聋生 2 名，中度听力损伤聋生 2 名，多重残疾学生 2 名。对于刚升入二年级的聋生来说，通过一年级一学年的练习，在写作方面有了很大的提高，大多数聋生都能看图学词，但孩子们年龄尚小，活泼、好动。他们有强烈的求知欲，对不知道的事物充满好奇心，但又缺乏对身边生活的观察与思考。通过本课的学习力求帮助聋生唤醒对词语的记忆，引导聋生进行看图学句，激发聋生的表达兴趣，减轻聋生表达上的困难，使聋生乐于表达、善于表达。

二、教学设计

（一）教学目标

目标 1：正确、流利地朗读句子。

目标 2：观察图画理解句子的意思，会仿照"我喜欢什么动物"的句式说句子、写句子。

目标 3：结合观察，能抓住动物最突出的特点，正确说出或写出动物的样子。

目标 4：具有爱护动物的意识，提高观察能力、思维能力和语言表达能力。

根据《聋校语文课标（2016 年版）》和新教材，我结合本班不同聋生学习上的差异，对教材内容按其重要性及其难易程度划分为三个层次。具体分为：所有聋生都能达到的"基本层次 C 层"（即在本课学习中能够正确朗读句子），多数聋生经努力后可以达到的"中等层次 B 层"（在本课中可以用自己的话表达出自己喜欢的动物和每种动物的特点），少数学有余力的聋生可以达到的"较高层次 A 层"（在本课中可以用几句话写下自己喜欢的动物，想说的话都能表达出来）。

以下对预期能达到教学目标 A 层的聋生简称为 A 层聋生，对预期能达到教学目标 B 层的聋生简称为 B 层聋生，对预期能达到教学目标 C 层的聋生简称为 C 层聋生。

（二）教学重点难点

重点：理解、积累并运用词语，并能按照例句说出动物的特点。
难点：初步掌握写话的顺序，把握动物的特点并写出相应的句子。

（三）学教具准备

多媒体课件、动物贴图、动物毛绒玩具、词语卡片等。

（四）板书设计

本课的板书（见图 4-3），突出了句子的训练，并且结合低年级学生特点，运用了图片辅助。

（我喜欢）的动物

长颈鹿的脖子很长。　　　　　　熊猫爱吃竹子。

长颈鹿　　熊猫

河马的嘴巴很大。　　　　　　老虎的头上有一个"王"字。

河马　　老虎

图 4-3　"我喜欢的动物"板书设计

三、教学实录

（一）课前预热

师：同学们，你们都喜欢动物吗？（学生纷纷回答：喜欢）

师：你们喜欢哪种动物呢？为什么喜欢它呀？

今天这节课，谁听得最认真，谁回答问题最积极，这些可爱的动物就会和你交朋友。

【设计意图】说话是现实生活的需要。对于低年级的聋生来说，真实的情境更能激发他们的说话欲望，让孩子们在课前畅所欲言、带着问题与期待走进本课。

（二）情境导入

1. 播放视频

播放长颈鹿、熊猫、河马、老虎等动物的视频。学生观看。

2. 说出动物名称

教师提问：画面上都有哪些动物？它们的名字你还记得吗？

聋生回答后，教师逐一在黑板上贴出这些动物的图片。

3. 贴词卡

让C层聋生从备选的词语卡片中选择相应的动物名称粘贴到动物图片的下面。

4. 读词语

选择一位"今天我是小老师"的B层聋生，带领大家边读边打手语，复习黑板上粘贴的这些词语。

5. 揭示课题

教师相机揭示课题，并板书：（　　）的动物

【设计意图】这一部分涉及的词语是以前学过的知识点，让学习基础较弱的聋生来回答问题，有助于调动聋生学习的积极性。让聋生充当教师助理的角色，有助于增强他们学习的责任感，激发学习的兴趣，也可强化低年级聋生的手语和口语的协调互换功能。

（三）写话训练

1. 案例引路

教师突出展示第一张"长颈鹿"的照片，提问："你们喜欢长颈鹿吗?"

师：当我们喜欢某种动物或者某种事物时，我们可以用下面这个句式来表达自己的看法。

多媒体课件出示句式：我喜欢_____。

师：请同学们摆出自己带来的动物毛绒玩具，各小组中的同学互相打手语练习用"我喜欢……"这个句式造句吧。

教师相机补充板书：（我喜欢）的动物

【设计意图】聋生由于受到听力障碍和自然手语的影响，很容易在口语表达上呈现倒装句如"长颈鹿，我喜欢"，或主谓宾缺失的现象如"长颈鹿，喜欢"或"喜欢长颈鹿"这样的病句、错句。因此在写作前带领聋生学习汉语言正确的语序，并强化其正确的口语和手语的表达方式，是帮助聋生运用正确语序进行写作的基础。

2. 分组讨论

（展示黑板上的四幅动物图片）师：谁能说说这些动物，它们都是什么样子的?

引导聋生分组开展交流、讨论。

（以第一幅长颈鹿图为例）师：我们看到了，长颈鹿的脖子呀，很长。同学们的脖子很短。我们一起边说边打手语，学习这两个形容词：长、短。

请 C 层的聋生说出下面的句式：长颈鹿的脖子**很长**。

PPT 展示鸵鸟、天鹅、羊驼的动物图片，让聋生找出它们共同的特点——脖子很长。

3. 补充句子

师：请每个同学在展示的这四种动物中选一种动物，用"（   ）的脖子**很长**。"这种句式练习口语表达，看谁说得又准又快。

【设计意图】会观察是学会写话的首要条件。低年级聋生的概括能力、比较能力、分析能力都还比较弱，观察时易被无关要素吸引而抓不住要点。本环节先引入分组讨论法，让聋生相互之间锻炼沟通与交流的方式，从中取长补短。随后教师借助"放大镜"将聋生的目光聚焦在长颈鹿等动物最主要的特点——脖子长这方面，教给聋生具体的观察方法，同时运用迁移拓展教会他们拓展和归类的写作方法，从而突破了本课的教学重点，也为聋生写话能力的发展开拓一片天地。

4. 课中操

师：现在到了我们的"课中操"时间了，请同学们和老师一起打手语、唱儿歌。
（播放动画音乐视频《一起去动物园》）

【设计意图】低年级聋生在上课到20分钟左右的时候就已经不能完全控制自己的注意力了，可能会出现做小动作等情况。此时可以根据教学内容适当穿插一些放松的活动，既让孩子们得到休息，同时又使所学内容得到巩固和升华，从而收到事半功倍的效果。

5. 词语游戏

师：同学们，我们再来做一个词语游戏吧。（分给聋生词语卡片，让聋生联想动物）
（词语卡片上展示：胖乎乎、嘴巴大、头上有一个"王"字、爱吃竹子、爱泡在水里、生活在森林里）

让A层的聋生试着把话说完整，让C、B层的聋生将自己手中的词语卡片贴到黑板上所对应动物图片旁。如，我喜欢大熊猫，它胖胖的，爱吃竹子，很可爱。

【设计意图】游戏教学法的运用可激发聋生学习的积极性和趣味姓，分层教学、多层互动模式在某个层面上可以做到因材施教，突破了教学难点。有助于对不同学习水平的聋生进行个性化教育，使本课的教学目标都能逐一得到落实。

（四）写话实践

1. 写话提示与帮助

师：（在课件中出示作文格）同学们，我们在写话时一定不能忘记"开头空两格，逗号和句号这样的标点符号独立占格"的要求。

【设计意图】通过作文格引路，让聋生了解正确的写话格式，还学会了正确运用、书写逗号和句号。

2. 写一写动物

A层聋生可以用几句话把自己喜欢的动物写下来，不限于教师提供的图例，还可以尝试加上自己的认识和感想。

B层聋生对黑板上的图例选择其一进行仿写，并尝试写下这种动物的其他特点。

C层聋生将教师结合板书提供的句式填空题进行补写练习。

聋生写话，教师指导（略）

3. "写话"展评

让几位聋生自告奋勇给大家朗读自己的作品。谁写的话既通顺又有条理，就可以获得"写作小达人"的称号和小奖状。

教师总结：通过本课的学习，老师发现，同学们不但有一双善于观察的眼睛，还能写出非常棒的句子。老师期待你们用自己手中的笔写出更加精彩的内容来。

【设计意图】为聋生提供展示的平台，让孩子们体验写作的喜悦，进一步激发了他们写话的兴趣。

（五）布置作业

师：今天回家把自己的写话作品讲给爸爸妈妈听，还可以和爸爸妈妈说说，你喜欢的水果或者是你喜欢的植物是什么。

四、教学反思

聋校低段的看图写话是作文最初步的训练，是培养聋生认识能力、形象思维能力、想象能力和表达能力的主要途径。但对于刚刚升入二年级的聋生来说，他们仅仅有看图学词的基础，对于开始学习的写话，孩子们对于先写什么、再写什么、最后写什么没有完整的概念。《聋校语文课标（2016年版）》指出："对写话有兴趣，能写清楚自己想说的话。"因此我在教学设计上降低难度，着重训练按每个动物的特点进行观察，课堂上解决如何将图上最基本的东西写清楚，从而突破了教学的重点。

另外，这节课我安排一课时来教，但让孩子自己开始写话，尤其是对于C层的学生来说，时间不是很充裕，应该尝试把大部分时间留给学生，让孩子有更多的时间动笔写，只有这样才能培养学生的写作能力。另外在引导A层聋生在写话时加上自己的感想和认识这个环节还做得不够到位。今后，我将不断地摸索，力求找到更多适合聋生的写话方法，让每一个聋生都能成为一个乐于表达和乐于写话的人。

五、教学点评

聋生由于听力的残疾，听不到或者听不真声音，所以很难对身边丰富多彩的生活形成听感觉、听知觉的表象。《聋校语文课标（2016年版）》指出："语文教育要跳出'聋'的限制和束缚，从多方面、多视角，以多种方式发掘每一个聋生的学习潜能，发展他们的个性，让每个聋生在成长中得到充分的发展。"本课对聋生进行了充分的听力补偿，广泛地运用聋生的视觉、触觉等感觉器官去感知事物，借助视频、音频、贴图游戏、布绒玩具等教学手段使聋生获得鲜明的知识概念，从而为写话奠定了良好的基础。

写话在聋校语文教学中占有非常重要的地位。对于低年级聋生来说，写话刚刚入门，一提到写话就感到头疼，无从下笔。许多聋生下笔也词不达意，文不成句。对于这种情况，教师确定了看图写话的几步模式：课前预热—激趣导入—指导看图—教授写话—自主写话—展评表彰—课堂小结。这样的写话模式可以循序渐进地带领聋生走入写话的世界，从而激发他们写话的兴趣，提高学习的主观能动性。

本课的教学设计上有层次、有梯度，能看出教师一步步引领聋生从看图识动物、模仿句式说句到最后写话的完整过程，其中每个环节在设计上都考虑到了聋生的个体差异，实施分层分类教学，个性化的教学满足了不同聋生的学习需求。例如，描写动物的样子是这节课说话和写话的难点，因为动物的样子各有特点，没有办法用一个统一的标准和统一的句式去说，教师在引导聋生观察长颈鹿脖子很长的时候，通过比较并设计了一组在脖子上有同样特点的动物进行仿说，巧妙地突破了难点。

案例提供：天津市聋人学校刘克璇
案例点评：天津市聋人学校董存良

第四节　语言交往教学

语言交往教学是聋生在教师的组织和指导下，通过具体交往情境的创设和交际活动的开展，规范语言表达、提高语言交往能力和素养的教学活动。语言交往能力是聋生人际沟通的基础，是顺利参与社会生活的必备条件。

一、语言交往教学的目标及内容

要实现语言交往教学的目标，我们必须明了语言交往教学的内容。只有精准把握教学要点，教学才有明确的指向性和针对性。《聋校语文课标（2016年版）》提出了义务教育阶段"语言交往"的总目标是：能选择比较适合的沟通方式，文明、主动地进行人际沟通和社会交往；了解口语、书面语与手语表达方式上的异同和进行转换的方法，不断提高人际沟通和融入社会的能力。《聋校语文课标（2016年版）》还分三个学段提出了具体要求，可从以下三方面来理解聋校语言交往教学的主要内容。

（一）语言交往的态度和习惯

三个学段语言交往的目标和内容都非常强调培养聋生积极、主动的交际意识，注重文明、礼貌的交往态度和良好习惯的养成。

1. 交往的态度

耐心是人际交往中的基本礼貌，是指看（听）对方表述时，等候对方把话讲完，不随意插话或打断对方的话。专注，是指看（听）话时集中注意力，从对方快速的话语（口形）、手势、表情变化中捕捉信息，抓住对方表述的要点、思维跟进并做出自己的判断。看（听）到感兴趣的内容时，眼神、表情自然，适时互动；没看（听）清或不懂的地方，待对方讲完了再提问。

2. 理解的心态

人与人之间是平等的，需要互相尊重和理解。表达时要始终尊重对方，态度文明，积极回应对方。在交流中，有时会遇到一时语塞、不知所措的情况，此时我们需要理解和等待，以鼓励的目光、面部表情给予对方更多的支持。与多人交流时，引导聋生要尊重他人发言的权利，用心去看（听）对方发言，不分神，不随意比手势、议论他人，尊重对方口语、手语及书面语表达的差异性，容纳不同的观点并给予积极回应。

3. 得体的礼仪

语言交往的互动过程中，双方会表现出相应的情感态度、交往素养和文明礼仪。礼仪是在社会生活中要求人们共同遵守的基本道德规范，是人们在长期的共同生活和相互交往中逐渐形成的，是一个人道德品行、文化修养和交际能力的外现。《聋校语文课标（2016年版）》里提到语言交往中要有良好的仪态，态度要自然大方、有礼貌，能根据交往的对象和场合，文明、得体地进行交流。另外，学会使用敬语、礼貌用语等，为交往营造融洽、和谐的氛围。

（二）语言交往的能力

1. 看（听）能力

语言交往时，进一步通过倾听和看口形，结合对方的手势语，观察对方在描述时喜怒哀乐的神态、表情等，将这些信息通过大脑进行思维加工，从而感知、理解对方所谈话语的内容，并做出判断。《聋校语文课标（2016年版）》对语言交往中的看（听）能力提出了具体要求：第一学段认真看（听）别人表述，努力了解主要内容；第二学段在交往中认真看（听），把握主要内容；第三学段是耐心专注地倾听，根据对方话语（口形）、表情、手势等，理解对方的意思。训练聋生认真看（听）的能力，才能实现交往中信息获取的有效性和准确性。

2. 表达能力

语言交往是一项实践性强的活动，教学指向聋生语言的表达和运用。语言表达能力具体由三个层级的能力组成。第一，组织内部语言的能力，这是表达能力的第一步。聋生需要思考对谁说、说什么、怎么说等问题，完成内部语言的生成和组织工作。第二，语言编排能力，将语言信息按照语义进行扩展，将一连串有内在联系的词语和句子进行组合、编排。第三，表述语言的能力，借助语言符号、表情姿势等，将内在所想有序、畅达地表述出来。聋生在日常交际中存在用词贫乏、句子简单、表达不够准确等问题。因此，教学中我们要重视三个层级表达能力的训练，关注聋生语言生成、选词组句、合理表达的训练，学习续接对方话题的技巧，合理运用语言进行表达，并有礼貌地回应对方，保持双方话题交往的流畅性。

3. 应对能力

语言交往教学要训练聋生根据对方表述的内容及神态等，获悉对方表达的意思，并随时作出反应，即我们常说的应对能力。应对能力是衡量一个人灵敏度的反应。在语言交往中，要训练聋生结合语言环境、说话者的意图、话题内容，观察对方的反应等，机敏地变换思维路线，灵活调整表述内容及方式，并及时作出应答。教学中注重培养聋生的应对能力，使其在遇到交际意外时遇事不慌、语言巧妙、沉着应对，体现一定的交往素养和良好的礼仪。

（三）语言交往教学的类型

语言交往训练的形式较多，划分角度不同。从语言交往中主体参与形式的角度，将语言交往教学分为以下三类。

1. 独白型语言交往

独白型语言交往是以说话者一人或一方为主进行语言表达，看（听）话者不直接参与语言交流，通过相应表情、气氛等对说话者进行回应的语言交往形式，如自我介绍、看图说话、讲故事、转述、复述、解说等。独白型语言交往中说话者不能无视他人、自言自语，要与看（听）话者保持心理和精神上的沟通，通过眼神、表情、神态等进行"隐性"对话。所以要求说话者的语言要生动、形象，以吸引、打动对方，使其集中注意力，保持看（听）的兴趣。

2. 对话型语言交往

对话型语言交往是由两人及以上的人员参与，进行双向或多向的语言交流活动，是生活中使用较广的语言交往形式，如主题讨论、出行问路、商场购物、接待客人等。该形式的语言交往中双方积极互动，参与对话的人既要认真看（听），还要根据实际回应对方的话题，因此交际双方互为主体。

3. 表演型语言交往

表演型语言交往兼具独白型和对话型特点，是以语文综合实践活动为主要特征的语言交往类型，如故事表演、课本剧、活动主持等。表演型语言交往有别于真实的日常交际，除了要达成"语言交往"的任务，还要关注聋生语文综合素养的提高。

二、语言交往教学策略

（一）选择恰当的话题

语言交往是基于一定的话题、以语言为信息载体而进行的交际活动。进行语言交往教学，首先要选择恰当的交流话题。话题的确立要考虑聋生的实际、话题的价值和难易程度等因素。新教材密切联系聋生的生活世界，选编了很多贴近生活实际的交流话题，使聋生有话可说、有话要说。教学时，可灵活选用教材中的语言交往话题，引导聋生围绕话题进行专题训练，如"向别人介绍自己""你喜欢吃的水果""做过的游戏"等话题，都是主题比较明确的话题参考。教师还可以从教材的课文解析、写作训练中提取话题，进行语言交往的拓展训练，巩固提高阅读与写作教学的效果。另外，教师还可跳出教材，选择校园生活、家庭、社区等聋生比较熟悉的和感兴趣的话题，引导聋生展开讨论、交流，既促进聋生语言交际能力的提高，也扩充其知识面，全面提高语文综合素养。

（二）创设交往的情境

我国情境教育创始人李吉林老师曾说：言语的发源地是具体的情境，在一定的情境中产生语言的动机，提供语言的材料，从而促进语言的发展。可见，一定的"情境"是开展语言交往的先决条件。创设情境是为了增强语言交往环境的真实性和现场感，使聋生进入具体的语言交往情境，激发表达的欲望。

创设语言交往的情境要注意几个问题：第一，根据话题内容和教学要求，因时、因地、因人制宜，创设适宜的交际情境，让聋生在轻松、愉悦的氛围中对话交流，无拘无束地自主表达。第二，创设的情境要有利于聋生全体参与，让每位学生都获得锻炼的机会。第三，创设情境的方式灵活多样，根据教学实际来选取。可以结合聋生日常生活和经验进行场景布置；利用视频、网络、多媒体等信息技术手段创设直观、形象的交际情境；可模拟家庭、社会活动场所等，再现生活情境，进行角色表演。语言交往中创设的情境应是灵活多样的。

（三）多元主体互动参与

语言交往是看（听）话者与说话者双向或多向的互动过程。要实现交际双方信息的有效沟通，需要双方积极参与和互动。语言交往教学的互动方式常见的有三种：一是师生互动。要求教师有正确的教师观和学生观，关注学生的全面发展，与学生平等交流，引发他们表达的意愿。二是生生互动。小组之间、同桌之间、前后排同学之间相互交流、合作。三是群体互动。班级的小组与小组间或全班同学共同参与活动的方式，也可拓展到班级与班级之间进行互动，拓展到班级与学校、家庭之间的语言交往方式中。无论哪种方式，学生与互动成员之间都是相互协调、共同合作的，是为了培养语言交往能力而构筑的组合。多元互动的策略要求教师秉持以人为本的理念，关注每一位学生的全面发展，让每位学生都成为语言交际的主体。另外，在多数学生互动的热闹场景下，尤其要关注少数不怎么发言和交流的学生，他们也许性格内向、不善于交际，或存在语言交往的心理障碍，教师要关心、理解和尊重他们，采用适当措施，鼓励这部分学生大胆尝试和积极参与。

（四）示范指导到位

聋生语言交往的能力、态度和习惯的形成需要一个过程，教师的态度、习惯和个性风格对聋生有着潜移默化的影响。因此，在语言交往教学中，教师的示范非常重要。教师以身作则，用良好的礼仪形象，认真、耐心聆听的态度和表情，优雅得体的手势，规范的言语行为做聋生的表率，为他们提供语言交往的直接示范。所以，教师要加强自身语言交往素养的锤炼，练就丰富多彩的表达形式，展现娴熟的语言表达技能。另外，在语言交往训练中教师的指导也很重要，主要包括三方面：一是指导聋生认真看（听），二是指导聋生表述，三是指导聋生学习交往技巧。

（五）及时评价反馈

评价反馈是语言交往教学中不可缺少的一个重要环节。《聋校语文课标（2016年版）》在语言交往的评价建议中提出："须注重提高聋生对语言交往的认识和表达沟通的水平……评价宜在具体的交际情境中进行，让聋生在一种自然的状态下展示语言交往能力。"这是语言交往教学评价的指导思想，也提出了语言交往教学评价的策略。课标还对各学段提出了不同的评价要求。第一学段的评价主要是聋生语言交往的态度和习惯，鼓励聋生要大胆、主动地参与语言交往，用他们喜欢的方式进行表达，同时要注意看（听）对方的表达。第二学段的评价主要是聋生根据实际选择恰当的语言交往方式的能力，看（听）懂对方的语言信息，以及自身清楚、正确表达的程度。第三学段的评价主要是聋生根据对象、场合和内容的不同，文明得体地进行交往的能力，表达时灵活使用语文课程中词句的能力。

语言交往教学中评价主体应多元化，教师、学生、家长等共同参与。学生有自评和互评。评价时，以正面引导、鼓励为主，激发他们参与语言交往的积极性和主动性。对活动中表现较好的学生及时给予表扬，充分肯定他们的进步；对存在一些问题的学生委婉提出改进的意见。评价的语言要明确、到位，不能总是用"不错""很棒""不通顺"之类的话，要让学生获得具体、明确的反馈信息，以帮他们改进不足，逐渐完善其语言表达。

三、语言交往教学的途径

语言交往教学应渗透在语文教学各环节中。学生交往能力的形成离不开具体的语言交往实践。语言交往教学的途径有多种，以下从语言交往专题课、语文课堂教学其他课型、生活实践三方面来具体展开。

（一）语言交往专题课

语言交往是语文课程的一项重要内容，需要进行专项训练。教师应根据课标要求、教科书内容编排和学生的实际合理设计语言交往课。

1. 把握教材内容

教师要掌握不同学段语言交往的目标和要求，熟悉教材的内容体系，把握各项训练的重点，充分发挥教材的引领作用。以聋校第一学段语文教科书为例，一年级下册"语文园地"安排了2项语言交往，二年级上册至三年级下册每册各安排3项语言交往，共计14次语言交往专题训练，内容涵盖较广，包括介绍自己和朋友、换牙的故事、喜欢吃的水果、节假日生活、游戏活动、愿望和爱好等。每次的语言交往活动，教科书都设计了小贴士，提出了交际的相应要求。因此，教师要认真研读教材，珍视每个专项训练的价值，切实用好现有教学资源。

教科书提供的内容不一定完全切合各地实际，教师不能受限于教材内容，还要根据地域、学生实际和自身教学理念，对教材进行适当的增删处理，灵活使用教材，不断完善、创新教学设计。

2. 选择适当教法

语言交往教学的方法很多，根据活动形式来分，有问答法、表演法、模仿法、讲解法、诵读法、复述法等；根据谈话形式，有个人独白式、小组合作式、全班交流式；根据活动载体来分，有情境对话法、活动体验法、游戏法、访谈法、练习法等。教学时，要针对不同主题和内容、不同的学生和教学实际，灵活选用教学方法，有效提高聋生的语言交往能力。

（二）语文教学其他课型

培养聋生语言交往能力的意识须渗透在语文教学全过程中。除了语言交往专项训练外，还有语文教学的其他课型，如阅读教学中观察课文插图说话、复述课文情节、填补空白、课堂练笔等，以及写作教学的口头作文等，教师要重视在语文课堂教学中培养聋生的语言交往能力。

因此，教师可以通过以下方式开展训练：引导聋生观察插图练习说话，通过诵读积累语言，复述课文训练语言组织能力，在问答和讨论中进行语言交际，在课堂练笔中加强说、写训练，通过口头作文强化语言表达等。

（三）跨学科教学和生活实践

《聋校语文课标（2016年版）》指出："要在各科教学活动及日常生活中锻炼聋生的语言交往能力。"因此，培养聋生的语言交往能力，除了语言交往专项训练、语文课堂随机教学外，还要加强学科间的联系，将其融入各学科教学之中，还应充分利用聋生丰富的生活实践，在日常生活中进行语言交往的锻炼。

1. 融入各学科教学

在全科视域下，各学科知识都有内在的关联性，共同指向培养"全面发展的人"。除了语文外，聋校的数学、沟通与交往、体育与健康、品德与生活、美术、史地物化生等，同样与语言交往密切相关，都要求聋生要学会看（听）、表达与交流，学会文明礼貌地进行沟通。各学科内容丰富、各具特色，每门课的交流讨论与合作学习都是聋生语言交往训练的契机。所以，我们要秉持全科育人的观点，各学科教学有意识地融入语言交往的元素，开展恰当的语言训练，让聋生的语言交往能力得到高频率、全方位的训练，为发展聋生的核心素养赋能，以适应未来人生和社会生活。

2. 在校园生活中锻炼

教师可布置一些实践作业，利用多姿多彩的校园活动来进行语言交往训练，如班级活动、主题班会、校园小记者、故事比赛、情景剧表演等。在这些活动中尝试把主动权交给聋生，鼓励他们发挥自己才能去设计、组织活动。作为小记者、主持人、参与者等要积极互动，在活动中锻炼语言表达能力，增强团队合作和同学情谊。活动之后，教师要引导聋生进行口头总结，师生、生生之间进一步交流和反思，训练和提高语言交往能力。

3. 在家庭生活中巩固

家庭是训练聋生语言交往能力的第一所学校。聋儿与人交往的技能首先是从与家人的沟通交流过程中获得的，在与家人的交往中学会爱和表达爱，学习基本的语言沟通、手势、表情和交往方式。

首先，要营造民主和谐的家庭氛围。家人要尊重、理解孩子，耐心地倾听孩子心声，与孩子平等交往。聋儿在家庭生活中得到尊重，才愿意与家人互动交往，将自己的想法、感受与家人及时交流。其次，要培养孩子积极的交往态度。家人要常陪伴孩子，一起做家务、学习、娱乐，与邻居家或小区的孩子多交往、互动、游戏等，让孩子有一种喜欢和人交流的态度。最后，家长要掌握必要的语言交往技巧。家长应主动协同教师，尽量和孩子保持无障碍沟通，提高孩子的语言交际能力；自觉学习常用手语，与孩子交流时注意语速、口形，引导孩子掌握认真看（听）、清楚表达的交际技巧，学会良好的交际仪态。

4. 在社会实践中拓展训练

社会实践中蕴含着丰富的语言交往资源，既能使聋生进行课外知识补充和拓展，又能在实践中提高语言交往的能力，是聋生综合能力得到锻炼和展现的舞台。因此，教师应组织、引导聋生积极参与社会生活，开展各种语言交往实践活动。通过亲自参与和体验，提高聋生在社会生活中运用语言的能力，同时也增强社会生活适应能力，为他们今后融入主流社会打下基础。

总之，在各学科教学中，在学校、家庭、社会生活中，都涉及语言交往。聋生要把握住每次机会，主动锻炼语言交往能力，逐步学会看（听）、表达与交流。学校、家庭与社会共同努力、协同育人，为提高聋生的语言交往能力创造各种条件和机会。

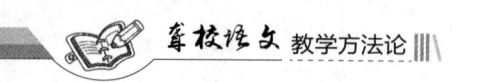

【教学课例及评析】

你长大以后想做什么

一、教学内容

本课教学内容选自聋校义务教育实验教科书《语文》三年级上册园地四语言交往。具体内容为：你长大以后想做什么？为什么？跟同学说一说你的愿望，然后问一下他们的愿望是什么。本课设计为一个课时。

二、学情分析

（一）基本情况

本班为聋校三年级学生，共六名。其中"霖""含"和"钥"三名学生植入了人工耳蜗，前两名学生的认知能力和语言表达能力较好，"钥"稍弱。剩余三名学生中，"科"具有一定的听力，认知能力可以，但是语言表达能力较弱，另外两名学生的认知能力和语言表达能力都比较弱。

（二）能力现状

聋生存在的学习问题：主要是在理解能力、语言积累和表达能力上存在困难。
需提供的支持：给聋生提供方法上的指导以及结构化言说的模板。

三、教学目标

目标1：知道生活中常见的职业种类以及这份职业是做什么的。
目标2：能用结构化模板，结合实际，清楚地表达关于未来职业的愿望，并说明理由。
目标3：说话时能使用恰当的音量与平和的表情。
目标4：学会倾听，有了解别人想法的意识。

四、教学重点及难点

重点：知道生活中常见的职业种类，清楚地表达关于未来职业的愿望。
难点：用结构化模板，结合自身实际，清楚地表达关于未来职业的愿望，并说明理由。

五、教学方法

观察法、讨论法、练习法。

六、教学过程

(一) 组织教学

(略)

(二) 复习引入

1. 复习与职业相关的词语

教师带领学生复习课本上"识字加油站"和"手语角"的词语(保安、快递员、医生等),为新授课奠定说话基础。

师：上节课的"职业家族",同学们还记得吗？我们请同学来读一读。(点名,学生读)

2. 搭配词语的游戏

通过希沃白板课堂活动——知识配对复习"识字加油站"。

师：我这里有一些职业名称和工作内容(农民、耕田、裁缝、运动员等),请同学们正确地把他们搭配起来。

师：看来同学们都很聪明,现在我们再把它们读一读。(学生读句子)

3. 用模板说句子

教师出示课文四种职业图片,学生交流图片中的职业。

师：同学们,我请来了两位叔叔和两位阿姨,你们猜猜他们的职业是什么？是干什么的？(点名,学生答)

教师给定模板：她是(职业名称),她(做什么)。

教师用"班级优化大师"软件对学生的说话情况进行点评。

师：除了以上职业,我们来看看生活中还有哪些常见的工作呢？

4. 根据视频练一练

教师播放"职业视角"的视频。学生观看后,用"谁在做什么"的句式回答自己看到的内容,教师用"班级优化大师"软件对学生说话情况进行点评。

5. 导入新课

师：视频中的这些叔叔阿姨都是平凡而伟大的人,你们长大以后想做什么呢？这正

是我们今天语言交往的内容。我们一起来读一读。（播放幻灯片：《我的愿望》）

（三）主题训练

1. 交流"我的愿望"

读一读：我长大以后想当一名警察，因为警察可以抓小偷。这位小朋友说的时候说明了做什么，还说清楚了理由。我们思考好了后，可以按照他这样的句式来说一说你们长大以后想做什么。

六名学生以开火车的形式，说出自己的愿望。

要求：说出自己的愿望是什么，并说明理由；说话时使用恰当的音量和相应的表情；其他同学注意观察、倾听。

教师为表达困难的学生提供模板：我的愿望是长大以后当一名（　　），因为（　　）可以（　　）。如：我的愿望是长大以后当一名医生，因为医生可以给病人治病。

2. 创设情境交流

第一步：看（创设情景，同桌互说）

师：看到同学们说得非常精彩，有两位小朋友也忍不住讨论起来了。我们来看看他们是怎么说的。（出示幻灯片）

男生：你的愿望是什么？

女生：我的愿望是长大以后当一名厨师。

男生：为什么？

女生：因为厨师可以做很多美食。

第二步：读（在读中熟悉句式）

师：原来他们在交流自己的愿望呀，我们来男女生分角色读一读他们的愿望。

男女生分角色读。

第三步：说（在说中掌握句式）

师：同学们读得很流畅，现在请大家像他们一样和同桌交流一下自己的愿望。

学生根据课件中两位同学对话内容，同桌互问互说自己长大以后想做什么。

例：我的愿望是当一名警察，因为我想保护大家的平安。（对学生的表现及时发送点评）

3. 小组交流展示

师：同学们在台下都能积极畅所欲言。现在请小组代表到台上给大家交流你们的愿望。

教师提供模板：我的愿望是长大以后当一名（　　），因为我想（　　）。

小组轮流上台展示。教师对学生的交流情况及时点评。

（四）课堂小结

师：同学们都有美好的愿望，我们不仅要说出来，还要把它写下来。课后，请和爸爸妈妈分享，让他们为你愿望的实现做一个支持者和见证人。同时，我们现在应该认真读书，积极进取，为了实现我们的理想而努力。

（五）作业布置

试着将自己的愿望写下来，并和父母分享自己的愿望。

七、课例点评

《聋校语文课标（2016年版）》关于语言交往的评价建议指出：第一学段主要评价聋生语言交往的态度与习惯，鼓励聋生大胆、主动参与语言交往活动，用自己喜欢的方式自信地表达，注重看（听）对方的表达。

赵老师的教学设计呈现出三大亮点。一是充分关注到了学生的需求。基于六名聋生的认知能力和语言表达能力的差异，给予了方法的指导，并用结构化言说的模板、例句等，为聋生参与语言交往活动提供有力支持。二是教学流程清晰，重点突出。复习环节结合"识字加油站""手语角职业家族"的词语，为本堂课做好了铺垫。新授课环节的"看—读—说"设计独特，将情境引入课堂，给学生提供了语言交往的范例，鼓励同桌之间互问互说，在此基础上小组轮流上台展示。整个教学流程环环相扣，过渡自然，很好地展示了一节语言交往课的流程。三是注重及时点评。运用"班级优化大师"软件对学生的说话情况进行点评，在学生的交流展示环节，教师及时评价，这些能促使聋生养成良好的语言交往态度和习惯。培养聋生的语言交往能力，应鼓励聋生综合运用多种语言交往方式。如果时间允许，在学生完成了"我的愿望"书面习作后，可以在习作课、班会等，鼓励他们上台以演讲的形式大胆展示"我的愿望"，其他学生认真看（听），以此拓展语言交往能力训练的多种途径。

课例提供：泸州市特殊教育学校赵萍
课例点评：乐山师范学院刘琴

第五节　语文综合性学习

《聋校语文课标（2016年版）》指出：语文课程是一门学习语言文字运用的综合性、实践性课程。综合性学习正是利用语文课程这一特点，促进聋生自主、合作、探究学习方式的形成，是培养聋生语文素养的重要途径。

一、语文综合性学习的主要特征

语文综合性学习具有综合性、实践性、开放性、生成性等特征。把握这些特征，才能有效推进语文综合性学习的教学。

（一）综合性

"综合"是语文综合性学习的重要特征。主要体现为：第一，语文学科内容的综合。包括识字与写字、阅读、写作、语言交往等内容的有机结合，以及看（听）说读写能力的整体提升。第二，语文学科与其他学科的综合。语文与其他学科知识相互融通，打破了学科间的壁垒，改变过去过分强调学科本位的状态。通过对各科知识进行综合与重组，使聋生在不同内容的相互交叉与渗透中提升语文素养。第三，多种语文学习方式的综合，包括书本学习和实践活动的结合、接受学习和探究学习的综合、课内学习与课外延伸的综合等。

（二）实践性

语文是实践性课程，综合性学习离不开实践。聋生要将语文知识和技能用于生活实践，首先要让他们在生活实践中学习语文、掌握语文学习的基本方法和语言运用的基本规律，从而建构自己的语文知识体系。《聋校语文课标（2016年版）》对综合性学习的目标和内容多次强调要"观察大自然，热心参加校园、社区活动""在家庭、学校和社区生活中，尝试运用语文知识和能力解决简单问题""开展简单的校园活动和社会活动""关心学校、地区和国内外的大事，就共同关注的热点问题收集资料"等，充分体现了综合性学习指向实践性的特征。

（三）开放性

"语文课程应该是开放而富有创新活力的"，语文综合性学习正体现了课标的这一理念。开放性主要体现在：第一，学习时空的开放。不局限于课堂40分钟左右的时间，也不局限于课堂及校园，强调从课堂内走向课堂外，从校园学习走向校外生活，把聋生课余的语文生活纳入语文学习的范畴。第二，学习内容的开放。综合性学习不受限于语文教科书，而是面向聋生的整个生活世界，把语文学习的视野扩大到其他学科和丰富的人类文化活动中，包括自然、生活、社会的方方面面。第三，学习方式的开放。综合性学习打破了传统的、单一的课堂教学"知识传递—记忆"的模式，转化为多元化的学习方式，如观察—表达、问题—解决、活动—探究等，倡导自主、合作、探究式学习，强调个体独立学习和小组（同伴）合作学习相结合，体现了学习方式的多样化。

（四）生成性

语文综合性学习重过程、重体验，学习的主题、活动方式、活动过程是师生在教学和活动过程中动态生成的，因此综合性学习具有生成性。从聋生的生活实际中发现问题、提出活动主题，经过师生讨论、筛选确定；教师引导聋生从他们所接触的生活情境中收集相关资料，让聋生尝试设计活动方案；在活动开展过程中，聋生亲自参与和体验，对自然、对生活、对社会的认识不断得到深化。这是综合性学习活动生成性的集中体现。教师的指导使得综合性学习的整体设计更严密，活动的开展更具方向感和目标感。因此，在综合性学习活动中，教师和聋生都要充分发挥其作用，以保证学习活动获得实效，从而促进聋生语文素养的综合发展。

二、语文综合性学习的目标和内容

《聋校语文课标（2016年版）》对"综合性学习"提出的总目标是：能主动进行探究性学习，激发想象力和创造潜能，在实践中学习和运用语文。分段目标如下：

第一学段（1~3年级）：对周围事物有好奇心，能就感兴趣的内容提出问题。结合语文学习，观察大自然，热心参加校园、社区活动，能用口语、手语或图文等方式表达自己的见闻和想法。

第二学段（4~6年级）：能在老师的指导下参加有趣味的语文活动，在活动中学语文。能提出学习和生活中的问题，有目的地收集资料，乐于与人交流。在家庭、学校和社区生活中，尝试运用语文知识和能力解决简单问题。

第三学段（7~9年级）：开展简单的校园活动和社会活动，学写活动计划和活动总结。体验合作与成功的喜悦。关心学校、地区和国内外的大事，就共同关注的热点问题收集资料，能用文字、图表、图画、照片等展示成果。

由目标可看出，聋校语文综合性学习的基本特点主要体现在语文知识的综合运用、听说读写能力的整体发展、语文课程与其他课程的沟通、书本学习与生活实践的紧密结合；贴近现实生活；突出学生自主性，强调合作精神；以提高学生的语文素养为目的等方面。

三、语文综合性学习的设计

作为一种学习方式，语文综合性学习呈现了较强的活动特征。有效的活动须以明确的目标为导向，周全的方案设计为基础，扎实的活动开展为保障，丰富的成果展示以共享。只有认真策划、周密部署才能保障综合性学习不流于形式，实实在在促进聋生语文素养的提高。一般来说，一次完整的语文综合性学习包括以下基本环节：选择课题—确定目标—制定方案—开展活动—成果交流。

（一）选择课题

语文综合性学习具有开放性和生成性的特点。综合性学习的主题多数是在聋生的校园、家庭和社会生活环境中自然生成的，学习内容涉及自然、人文、科技等方方面面。综合性学习的课题应基于聋生的兴趣和内在需求，题目的确立可依据教材规定，也可由聋生自主设计，还可由教师引导诱发。一般来说，可从以下几个途径着手：结合教材的综合性学习专题，在语文课堂教学中挖掘主题，从生活实践、周边资源中提炼课题。

（二）确定目标

明确目标是成功开展语文综合性学习的前提。综合性学习的总目标是促进聋生语文素养的协调发展，但每次的综合性学习还应有更具体的活动目标。目标的确定一般要参照三个依据：一是《聋校语文课标（2016年版）》。参照课标对各学段目标与内容的规定，清楚对应学段的学习要求。二是聋校语文教科书。参阅语文教科书中相关内容，包括单元要求、综合性学习相关材料，仔细阅读教科书中该单元综合性学习的建议和提示等。三是聋生的实际情况。本班聋生的语文学习情况、对语文知识的综合运用能力如何等，这是备课时的学情依据。根据以上三个依据内容的分析，确定当次语文综合性学习的目标。

（三）制定方案

为保证综合性学习活动有目的、有计划地开展，在课题和目标确定之后，教师要和聋生一起制定学习方案。一份完整的综合性学习方案一般包括三方面：内容、措施和学习成果。具体包括学习的课题名称、学习目的、学习内容及组织形式、展示的预期成果、参与人员及活动分工、实施活动的条件（如经费、时间、场地）及设备等。其中，学习内容应以语文知识的习得和语文能力的运用为主，内容集中在语文学科领域，而不是在非语文学科内容上花费大量的时间和精力，学习内容有预设，也有"生成"的。方案的初稿拟定之后，教师鼓励聋生以主人翁身份参与方案的讨论、修改和完善，要进行全班讨论和交流，并听取学生的意见。随着学段的升高，方案的制定要体现由"扶"到"半放"到"放"的过程。

（四）开展活动

制定出方案后，教师要组织聋生有计划、有步骤地开展活动，这便进入语文综合性学习的具体实施阶段，是确保活动顺利进行的重要一环。从活动涉及的范围来看，综合性学习活动的开展有校内活动和校外实践两种。校内活动常见的有展演、讨论、比赛等，校外实践有参观、调查、收集资料等。活动的具体类型有知识积累型、才艺展示型、趣味型、实践操作型等。活动过程中，教师是引导者，要调动聋生的积极性和自主性，指导他们根据学习方案大胆开展活动，以逐步完成学习任务；聋生是学习的主人，是实践者，通过观察、阅读书籍、上网查询等多渠道收集、筛选信息资料，在实践里学习语文知识、运用语文技能。

（五）成果交流

每次综合性学习活动之后，要引导聋生采用多种形式汇报和展示学习成果。课后习题中的拓展活动，语文园地中的"交流平台""展示台""语言交往""习作"等，都是交流展示的途径。不管采用何种形式，全体聋生都要积极参与交流，在汇报、展示中共享学习成果。具体操作有：分组讨论，小组长带动组员参与活动；班内交流，汇报组邀请其他同学参加；提问答疑，汇报组回答师生提出的问题；发表意见，其他同学对展示的成果提出建议；根据成果进行互相评价、活动总结等。交流的内容可以是聋生自己的亲身体验或学习成果，也可以是观摩他人成果的心得或感想。在展示、交流环节中，无论成果多或少，都能令聋生学有所获，既可自信地展示自己，又可学习他人经验，同时也可反思自己的不足，这对于聋生的学习成长尤为重要。

四、综合性学习的评价

根据《聋校语文课标（2016年版）》提出的建议"综合性学习的评价应着重考察聋生的语文综合运用能力、探究精神与合作态度"，开展综合性学习时应注意发挥评价的功能，关注评价内容的完善，凸显评价主体，采用多种方式综合评价。

（一）注重过程评价

对综合性学习进行评价，不仅要看学习的主题是否有价值，学习的内容是否具备综合性，还要看聋生对语文知识的综合运用能力、学习过程中的团队合作能力，要关注聋生在综合性学习过程中的各种表现，如是否积极参与整个活动，是否主动提出问题、收集资料、展示与交流成果等。第一、第二学段侧重评价聋生参与语文综合性学习的兴趣和态度，第三学段要多关注聋生在综合性学习活动中提出问题、探究问题及展示学习活动成果的能力。其中，应明确交流、展示的目的不是评判成果的优劣，而是积极关注成果所体现的团队合作、情感体验、能力获得等。各学段综合性学习的评价都要着眼于培养聋生的语文素养，帮助他们扩大视野，更好地掌握学习语文的方法。

（二）强调综合评价

综合性学习的评价应体现多样化，采用课堂观察、实践操作、活动展示等方式，做到定性评价与定量评价、形成性评价与终结性评价相结合，全面客观地反映聋生综合性学习的情况，其中应高度重视"形成性评价"。形成性评价也被称为"过程性评价""学习中评价"，是教学过程中为了解教学结果及学生学习的进展情况和存在的问题，以便及时调整和改进教学的评价（孙立娜，2015）。形成性评价包括综合学习活动前和活动过程中的评价,侧重活动过程中聋生参与的情感、态度、能力、合作、交流等。教师可采用成长档案袋的做法,记录与整理聋生在综合性学习中的情况,包括活动前的各种准备、活动中的各种表现、活动心得体会、学习成果展等,按一定顺序归入档案袋中,并以定性评价为主,辅以定量描述。评价时教师和学生一起,根据档案袋的记录来评价聋生的表现,重在表扬、激励、展示与交流,引导聋生积极向上。

(三)坚持多元评价

《聋校语文课标(2016年版)》从评价主体的视角,提出要实行教师评价、聋生自评与互评、家长参评相结合的多元化评价方式。在综合性学习的自评和互评中,聋生是评价的主体,突出了他们的参与意识。其意义在于:一方面,自评和互评打开了聋生理解和判断自身和他人能力的不同视角,帮助其形成更全面的自我认同。另一方面,同伴互评,有助于同伴间协作关系的建立;学生间互相激励和促进,有助于学习共同体的建立。在终结性评价中,教师是评价的主体;在校外活动中,家长和社区工作者是评价的主体。多元评价主体参与,可利用综合评价表进行。评价内容涵盖情感态度、语文知识与技能、任务完成情况、合作意识、实践能力等,并以"优秀""良好""加油"等级进行评价。

【教学课例及评析】

有趣的观察

一、教材导读

(一)教材分析

本课选自聋校义务教育实验教科书《语文》四年级上册第三单元"综合性学习"部分。本单元的主题是"留心观察",语文要素是"注意观察,养成留心观察的好习惯"。在本单元第8、9课的课后及语文园地,围绕该语文要素安排了综合性学习的活动提示。活动提示指出:教师要引导学生认真、细致有计划地观察自己感兴趣的植物、动物或自然现象,整理观察材料,并通过写观察日记、制作观察卡片等方式展示自己的观察成果,为教学开展提供思路。以上分析表明,此次综合性学习活动在锻炼和提高学生收集资料、处理信息等能力的同时,还要培养学生善于观察生活的习惯,以及用心感受观察带来的好处。

(二)设计思路

"有趣的观察"是该班聋生第一次参加的综合性学习。要注重学生体验,强调"有趣",安排与学生生活密切相关的活动,力求在生活情境中提高学生的语文实践能力。因此本课在教学安排上,以任务为驱动,设计三个课时,通过教师引导,学生观察、体验、操作等途径,逐步达成教学目标。第一课时为活动起始环节,旨在引导学生全面了解综合性学习的内容、要求,通过课文《一次有趣的观察》的学习,激发学生的观察兴趣,并对怎么观察事物获得初步了解。第二课时为活动主干环节,旨在借助多种方式,引导学生有序地开展综合性学习活动,通过"观察记录单"及"观察材料整理表"的形式,帮助学生有效开展课外实践,养成留心观察的习惯。第三课时为活动评价环节,旨在搭建展示平台,提高学生表达能力,通过鼓励学生用不同的方式交流分享自己的综合性学习成果,评价主体多元化等途径,增强学生的获得感和成就感,培养学生自信,促进学生发展。本次课为第一课时。

(三)学情分析

本班学生为四年级的聋生,全班共6人,男生5名,女生1名。其中有4名为中度听力障碍,2名为重度听力障碍。本班孩子年龄尚小,活泼、好动。他们有强烈的求知欲,对外界事物充满好奇心,部分学生对身边事物不能进行有序观察。通过本课教学,力求引导学生观察自己感兴趣的事物或现象,体会留心观察的乐趣,做生活的有心人。

二、教学目标

目标1:产生观察的兴趣,初步了解如何观察事物。
目标2:能用图画、表格等方式做观察记录。

三、教学重点难点

重点:与同学交流观察所得,做好观察材料的记录和整理。
难点:感受留心观察带来的好处。

四、学教具准备

多媒体课件、相关植物照片、观察活动记录单、观察活动整理单、录像。

五、教学过程

(一)视频导入

教师播放"水培大蒜"的种植视频,问:视频中的小朋友在做什么?(生答,略)

师：视频中的小朋友观察"大蒜"的变化情况，采用了哪些方式？（生答，略）

师（小结）：通过观察，我们可以了解到观察对象的变化。

【设计意图】通过观看视频，引导学生知道观察和记录的作用，了解大蒜冒出新芽、长出根须的过程。

（二）小组讨论

教师再放视频（慢速播放）。问：视频中的小朋友是怎样记录的？

学生小组讨论、交流，每组派1名代表回答。

师（小结）：视频中的小朋友在不同时间对大蒜的成长过程进行了拍照记录。在观察时，我们不仅要用心去了解事物，还要做好相应的记录，这样才能够用于我们的观察。

师：除了拍照，我们还可以用哪些方式记录呢？（生答，略）

师（小结）：记录方式有画画、图文结合、拍照录像、写观察小日记等。让我们也来做一次有趣的观察吧！

【设计意图】讨论交流，初步梳理观察的常用方法，并激起学生想亲自观察的愿望。

（三）选择观察对象和方法

1. 选择观察对象

师：我们平时可以观察什么呢？

生：发豆芽、种大蒜、月亮的变化、花儿的开放……

教师播放常见的生物图片，展示自然界事物变化的小视频。

【设计意图】引导点拨，拓展学生思路。让学生明白观察的对象涉及生活的各个领域，如植物生长过程、动物生活习性、天气的变化等，知道观察对象可以分为植物类、动物类、自然现象类等。

2. 结成活动小组

师：你们想观察什么呢？

学生讨论交流，确定了观察对象，自行分组（分为植物组、动物组、自然现象组）。

3. 指导观察方法

师：不同的观察对象，我们要采用相应的方法进行观察（出示课件，手语讲解）。

植物类：观察它的干、茎、叶等各部分的特点、生长习性等，对这株植物各个部分的形状、颜色、姿态作全面的了解，还可用鼻子闻一闻花散发出来的香味。

动物类：要观察动物的外形、生活习惯等特点。

自然现象类：关注对象变化，思考变化原因。

学生小组讨论，探讨选用的观察方法。

【设计意图】教师适时点拨与学生独立思考相结合，进一步锻炼学生的发散思维，为有效开展观察奠定基础。

（四）小组合作，开启观察之旅

师：观察时，我们不仅要用心去了解事物，还要做好相应的观察记录（见表4-2）。

表4-2 观察记录单

观察记录单	
观察对象	
观察地点	
观察时间	
观察所得	

请同学们在观察过程中，及时完成观察记录单的填写。

教师强调观察过程中的注意事项。

第一，在固定的时间对观察对象进行观察。

第二，能关注观察对象的变化，认真思考观察中遇到的问题。

第三，及时用文字、图画等方式记录观察的结果。

第四，认真完成观察记录单。

师：我们各小组按照计划，开启我们的观察之旅吧。下周见！（第二课时、三课时，略）

【设计意图】以任务为驱动，引导学生有序开展观察实践，并学会边观察边记录的好习惯。

六、教学反思

聋校语文第二学段的综合性学习要求聋生能在老师的指导下参加有趣的语文活动，在活动中学习语文，且乐于与人交流。针对以上要求，在教学安排方面，以任务驱动为主，强调教师的引导性。在聋生的课堂参与度方面，坚持以聋生为主，增加聋生参与感，培养聋生合作精神和团队意识，在锻炼聋生与人交流的能力的同时，也有利于提高聋生分析问题、探究问题的能力。

此次教学设计存在的不足：首先，教学活动设计虽然以任务为驱动，但课堂上缺乏情境引入，聋生出现兴致不高的情况。今后，我将不断学习积累，努力探索活动设计形式的多样化和趣味性。其次，本次教学活动只有三处设置了差异化教学，并未做到全面贯彻，不能充分满足不同聋生的学习需求。今后，我应结合聋生具体情况，在教学安排上下更多的工夫去钻研学习，力求使每位聋生都得到充分发展。

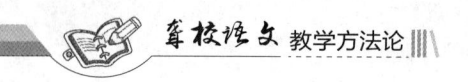

七、案例点评

《聋校语文课标（2016年版）》提出，关于聋生的综合性学习，应着重考察其语文综合运用能力、探究精神与合作态度。本案例中，教师针对该主题，与单元语文要素相结合，并在课文的课后练习中进行了阶段一的活动，即第一课时。该课时结合单元教学的内容，能与聋生的生活实际联系，体现了生活化教学的思想。教学过程中，分组实践，引导聋生进行小组合作探究，有助于激发聋生积极参与活动。

对于第二学段的聋生，教师应多关注聋生参与学习的兴趣和态度。本设计中，教师的评价语略显单一，在积极评价聋生这一方面还需继续努力。此外，教师应多关注聋生在活动中能否自己提出问题、解决问题，培养他们主动思考问题的意识，激发他们探究问题的主动性。

案例提供：巴中市巴州区特殊教育学校黎姗姗
案例点评：乐山师范学院刘琴

第五章　聋校语文教师的素养培育

课程改革给教育界带来的最大挑战莫过于对教师专业化的挑战（钟启泉，2019）。教师专业化发展是教师不断学习新知、增长专业技能的过程，是教师的职业道德、职业理想、教育情怀不断提升的过程。结合《特教提升计划》，我们国家应加强对特殊教育师资的培养，使其拥有高水平的专业素养，适应特殊教育课程改革的需要，以促进特殊教育高质量发展。

第一节　特殊教育教师的专业标准

教师的专业发展关系到特殊教育的办学质量，也关系到能否更好地为特殊学生服务。为了完善特殊教育教师专业发展标准体系，加强特殊教育教师队伍建设，引领特殊教育教师专业成长，提升特殊教育教师专业发展水平，教育部于2015年颁布了《特殊教育教师专业标准（试行）》（以下简称《专业标准》）。《专业标准》进一步明确了选拔和任用合格特殊教育教师的基本专业要求，提出了特殊教育教师实施教育教学活动的基本规范，这既是引领特殊教育教师专业成长和发展的一项基本准则，也是开展特殊教育教师培养、准入、培训、考核等各项工作的一个重要依据。

一、基本理念

《专业标准》在理念上与教育部已颁布的四类普通教育学校教师专业标准的基本精神保持一致。

（一）师德为先

热爱特殊教育事业，具有职业理想，践行社会主义核心价值观，履行教师职业道德规范，依法执教。具有人道主义精神，关爱残疾学生，尊重他们的人格，富有爱心、责任心、耐心、细心和恒心；为人师表，教书育人，自尊自律，公平公正，以人格魅力和学识魅力教育感染残疾学生，做他们健康成长的指导者和引路人。

（二）学生为本

尊重残疾学生权益，以学生为主体，充分调动和发挥他们的主动性；遵循他们的身心发展特点和特殊教育教学规律，为每一位残疾学生提供合适的教育，最大限度地开发潜能、补偿缺陷，促进残疾学生全面发展，为他们更好地适应社会和融入社会奠定基础。

（三）能力为重

将学科知识、特殊教育理论与实践有机结合，突出特殊教育实践能力；研究残疾学生，遵循残疾学生成长规律，因材施教，提升特殊教育教学的专业化水平；坚持实践、反思、再实践、再反思，不断提高专业能力。

（四）终身学习

学习先进的教育理论，了解国内外特殊教育改革与发展的经验和做法；优化知识结构，提高文化素养；具有终身学习与持续发展的意识和能力，做终身学习的典范。

二、基本内容

《专业标准》指出：特殊教育教师是指在特殊教育学校、普通中小学幼儿园及其他机构中专门对残疾学生履行教育教学职责的专业人员，要经过严格的培养与培训，具有良好的职业道德，掌握系统的专业知识和专业技能。《专业标准》提出了特殊教育教师专业标准基本内容框架。总体来看，《专业标准》主要有以下三个方面的突出特点。

（一）职业道德与专业理念

职业道德是所有从业人员在职业活动中应遵循的行为准则，教师职业道德又称"教师道德"或"师德"，是教师在从事教育劳动中所遵循的行为准则和必备的道德品质，包括对职业的理解与认识、对学生的态度与行为、对教学的态度与行为、个人修为等（赵斌，2014）。教师的专业理念及师德在其素养结构中起着引领作用。《专业标准》对特教教师的职业道德和专业理念的规定，突出了教师的人道主义精神和正确的残疾人观。

（二）专业知识

在专业知识方面：一方面，要具备"必要的科学人文知识＋相对系统的学科专业知识＋教育专业知识"。另一方面，要具备残疾学生教育与康复所需的复合知识：特殊教育对象（生理、心理）知识、特殊教育教学知识、特殊教育辅助技术知识。《专业标准》在专业知识上提出了相关要求，强调教师要具备残疾学生教育与康复所需要的复合型知识。

(三) 专业能力

《专业标准》强调教师要具有教育诊断评估、环境创设、个别化教育、课程整合和沟通以及辅助技术运用等特殊能力。在环境创设与利用的能力方面，要求能创设一个全纳、适宜的学习环境，支持和促进残疾学生学习、发展和成长，能运用正向行为支持为残疾学生营造一个安全有效的学习环境。在对学生进行特殊教育评估的能力方面，能根据学生的障碍类别（程度）等，选择合适的工具（材料）开展评估，通过多元评估内容、项目、方法，确定评估结果，并给出恰当解释和科学建议。灵活运用沟通策略与辅助技术的能力方面，能使用手语及其他辅助沟通方式，与学生开展无障碍沟通；将适合的沟通策略（技巧）以及辅助沟通技术运用到残疾学生语言、沟通能力的发展训练中；协助（指导）普通学校教师开展融合教育工作；能科学有效地开展送教（康）服务工作。另外，还要具备个别化教育设计、组织与实施的核心专业能力以及基本的康复训练技能。

三、实施意见

《专业标准》的实施需要各级教育行政主管部门、各特殊教育教师教育院校、特殊教育的学校（机构）、特殊教育教师等，按照标准提出的相关要求，认真落实。比如，在特殊教育教师这个层面，需要教师依据标准发展自身专业，增强专业发展自觉性，主动规划自身专业发展，大胆开展特殊教育（教学）的实践和创新，主动开展自主研修，积极参与教师培训，不断提升自身的专业素养。

特殊教育的蓬勃发展需要每位特教工作者持久的努力和付出。作为未来的特殊教育教师，我们一定要有师德为先、学生为本、能力为重和终身学习的理念，在职前阶段主动练就特殊教育学校需要的专业知识和专业技能，用过硬的专业素养迎接未来职业。在充满艰巨性、挑战性、复杂性和特殊性的特殊教育工作中，发挥自己的光和热。

语文教师的教学水平对聋生的语文学科核心素养的形成有关键性的影响。教师除了培养、训练聋生的听（看）说读写能力之外，还应引领聋生的学习习惯、学习方法和思维能力等的培养，使聋生逐渐掌握策略，学会终身学习。

第二节 聋校语文教师的专业意识

教师的专业素养包括专业意识、专业态度、专业知识、专业技能和专业情怀等。专业意识是教师在对职业价值与意义的认识的基础上产生的从业动机，其中的角色意识很关键。教师的角色意识是指教师对自身角色地位、相应角色行为规范及其角色扮演的觉察、认识、理解与体验（梁玉华，庞丽娟，2005）。那么，如何认识与理解聋校语文教师的专业角色，把握与遵守聋校语文教师的专业规范，省察与体验聋校语文教师的角色扮演，对于教师的专业发展与聋生的语言发展及心智成长具有极其重要的价值与意义。

一、聋校语文教师的专业角色

在社会生活中，每一个个体都扮演着不同的角色，而每种角色都被社会赋予了不同的权利、责任、行为规范及相应的行为模式。从这个意义上说，要准确地理解聋校语文教师角色意识，就要认识聋校语文教师，了解与聋校语文教师相关的权利、责任、行为规范等，从国家标准、教育管理、社会舆论、课堂实践、聋生需求、教师成长等多个角度去思考和把握聋校语文教师角色的内涵。

（一）"语文学科核心素养"的培育者

聋校语文教师的核心任务是在语文教学中教书育人，培育聋生的语文学科核心素养和健全人格。崔峦老师将语文学科核心素养培养概括为五个方面：人格雏形的培养，听说读写能力的养成，培养阅读素养，有一定的自学能力和独立思考能力，积淀文化提高审美。参照崔峦老师的观点，结合《聋校语文课程标准（2016年版）》，义务教育阶段重点培养聋生语文学科核心素养可以具体为：有一定的识字量、词汇量；能写一手好字；读懂一篇文章，包括读懂一本书；能在40分钟之内完成300字以上的短文；能准确转换手语和书面语，能根据自身情况和环境条件，恰当选用语言策略进行日常交流；养成读书的习惯；有一定的独立思考能力；有一颗独立坚强博爱的心等。

（二）"语文生活"的示范者

语文学习的外延和生活的外延一致，生活是语文外部潜在的实用教材。对于聋生来说，在生活中学习语文，破解语言习得与应用脱节的问题尤其重要。聋校语文教师要努力在语文课堂与聋生的日常生活之间建立连接，教学中要有目的地调动聋生真实的生活经验，让他们通过亲身经历去开拓属于自己的语文实用资源，把语文的触角完美地延伸到课外，为他们提供更为丰富的学习和生活空间。然而聋校语文教师并非将"语文生活"生硬地灌输给聋生，而是通过教师的示范、引领、陪伴，潜移默化地影响聋生。比如，教师自身保持阅读和写作的习惯，感悟文字的力量，积淀深厚的文化底蕴，善于活用语文教材描写的多元文化丰富生活，用语文教材里的先进文化创构美好生活，将"语文生活"自然而然地带到聋校语文课堂，带入聋生的日常。

（三）"综合沟通"的支持者

聋生的学习与生活中遇到的各种困难归根结底都与沟通障碍有关。聋校语文教师既要从聋生的语言发展状况出发，又要着眼于聋生的未来生活需要，打破"口手之争"，破除"自然手语""手势汉语"的偏见，坚定不移地做一个"全语言"综合沟通策略的支持者。在语文课堂中，根据教学内容、教学目标、学生差异给予聋生及时的、适宜的语言策略支持，指导他们自如地积累、运用和发展语言，体验和感悟各种语言之间转换的规律，从而打破课堂沟通瓶颈。聋校语文教师还应当把无障碍沟通从课堂引向生活，从校内引向校外，努力实现《聋校语文课标（2016年版）》所提出的"聋校义务教育阶段的语文课程，应使聋生初步学会运用祖国语言文字进行交流沟通"的任务。聋校语文教师不仅应关注聋生的综合沟通能力提升，还尤其应关注聋生语言文字运用能力的培养，想方设法增加聋生语言的积累，丰富语用素材，引导聋生把握语言的结构，构建语用模板，强化语言实践，提升表达能力。

（四）"聋人文化"的宣导者

聋人文化是聋人群体长期在一起共同生活而形成的，它包括聋人在现实生活中使用的手语、用视觉接收信息的交际方式、聋人社区、聋聋组合的婚姻家庭模式、区别于听人的行为习惯和交往礼仪等，也包括聋人群体在教育、历史、艺术创作、文娱活动等精神层面不同于其他群体的内容和特点（张帆，卢苇，2017）。语文教师是人类文化的传播者，聋校语文教师还应当是聋人文化的宣导者。一方面，聋校语文教师向聋生宣导聋人文化，帮助聋生更好地认识自己，认识自己语言的特点，认识自己语文学习方式的特点，悦纳自我，积极调整学习方式。同时，帮助聋生建立积极向上的身份认同感，建立自信心。另一方面，聋校语文教师要向社会大众普及聋人文化，尊重聋人文化是多元文化的一个组成部分，了解手语和聋人文化的特性，更多地理解、包容和欣赏聋人文化。对聋人文化不偏不倚，不边缘化地认知和接纳，对聋生的语言和身心健康发展以及未来生活都是很有裨益的。

（四）"聋听融合"的促进者

聋教育工作者都致力于帮助聋生打破隔离，实现聋听和谐共融。语言的互通是融合的基础，聋校语文教师因此承担着特别的任务。在聋校语文教学中，教师非常重视课堂但不会将课堂仅仅局限于教室。聋校语文教师应当结合学科和教材内容，创设聋生与其他健听儿童共同学习的机会。"聋听共学"的契机需要教师精心地创设，内容方面让所有学生都能参与，无论是健听学生还是聋生均能达成共同的学习目标，聋生不感到窘迫不安，健听学生不感到神秘讶异，而是自然而然地互动交流，共同成长。聋校语文教师还应当整合教材与课程资源，将语文学习拓展到社会生活中，社区环境和学习中接触到的听人，都成为语文学习的课程资源。帮助聋生逐步适应环境，从陌生、畏惧、拘谨逐渐变得自然、开朗、自如，语言表达能力也得到提升。

二、专业意识的形成

对于聋生来说，听力障碍影响了语言和思维的发展，在聋生的成长与发展过程中，语言的补偿与发展需求常常是第一位的。因此，聋校语文教师担负着极其重要、极其特殊、极其有难度的职责。如何胜任聋校语文教师专业角色，需要用心地进行修炼。

（一）直面问题

聋校语文教师在教育教学中总会面临各种各样的问题，比如，聋校语文课堂容量与课时目标不匹配、课堂沟通障碍、聋生语言积累贫乏、新教材知识量的增加、新旧教材的接轨……这些问题似乎很常见，相关的研究也并不少，然而真正解决起来却极不容易。作为聋校语文教师，对这些问题应该不害怕、不回避、不漠视，而是直面问题，寻找方向，重点突破。只有善于发现问题、敢于面对问题、努力想办法解决问题，才能把问题转换成资源和动力，站稳聋校语文课堂的讲台，找到自己的使命与努力的方向。

（二）审定意义

聋校语文教学工作的辛苦性、挑战性不会比其他工作少，甚至有可能会更多。因此聋校语文教师审定自己工作的价值和意义就显得尤其重要。聋校语文教师不仅仅是在课堂中教授聋生知识，培养他们的能力，引导他们对语言文字的热爱。更重要的是，通过发展聋生的语言，给他们搭建起一座通往有声世界的桥梁、走向广阔世界的阶梯、拥抱美好明天的力量。在这日复一日平凡的工作中，也渐渐成就聋校语文教师自身的成长。在工作中，不断发现和丰富聋校语文教师角色的意义，坦然面对工作中的各种困难，接受在教育中付出与成效的失衡，才能不抱怨、不犹疑、不彷徨，更坚定自己所扮演的角色，怀着热情、使命与爱去履行自己的职责。

（三）深度学习

聋校语文教师需要深度学习。读课程标准、读教材、读教参、翻阅手语书当然是必需的功课，然而却不只是这些应对课堂教学的基础性学习。聋校语文教师还应该研究聋生，从教育学、心理学的角度，在日常生活中去感受每一个特别又鲜活的生命，了解他们的成长经历与喜怒哀乐，如此，才能做到为学生而教。聋校语文教师还应该阅读理论，除了教育教学理论，对聋教育、对手语、对学习方式变革的相关研究等也应该涉及。只有阅读面广泛、阅读量足够，才能够深层次地构建理论体系、迁移知识，才能反思和创造，为聋校语文教师角色寻找到新的意义。

（四）持久实践

教育中的付出从来都不是立竿见影的，聋校语文教学尤其如此。面对言语语言障碍的聋生，他们的语言发展不可能是一蹴而就的。因此，我们要明确人才培养的方向，相信聋生语言发展的可能性，采用各种有效方法，持久实践，久久为功。相信，在这样的过程中，聋校语文教师角色就不仅仅限于爱，而是从爱出发，走向专业！

第三节　教学研究素养

"教师即研究者"，教学研究是语文教师专业成长的重要途径。随着社会的发展变化，聋生在他们的成长过程中会出现各种各样的问题，教师在按照统一的人才培养目标教育教学时，还要针对聋生的个别差异选择不同的教学策略。因此，教师应当成为研究者，沉下心来边教学边研究。

一、语文教学研究的意义

（一）更新理念，优化教学

聋校语文教师的专业发展要求教师具有从事聋教育的专业精神、专业意识、专业理念和专业能力。在教学实践中，有层出不穷的问题，聋生有各自差异和特点，需要教师不断更新教育理念，丰富自己的专业素养。语文教学中的研究，具体来说就是教师主动学习教学理论，更新教育理念，掌握先进的教育技术，思考语文教学中的问题，对自己习以为常的教学进行反思和总结，梳理有成效的教育教学经验，提炼出自己教育智慧的过程。通过研究实践，教师采用新的教育理念指导教学，创新教学模式，优化教学，从而提高语文课堂教学实效。

（二）学习理论，找准问题

特校教师常参加各级各类的教师培训。在新冠肺炎疫情持续蔓延的时代，各种主题的网络培训也渐次增加。据悉，教师在参加的诸多培训中，多数是聆听专家讲座，专家提出的一些教学理论供一线教师使用。然而，并非所有的教学理论都能直接指导实践。因此，语文教师要学会活用教育教学理论，梳理自身的教学困惑，找准制约教学发展的真问题。教师研究身边的微型课题，可以与志同道合者合作研究，也可以自己独立尝试探索。从问题开始，结合学习，全程研究，促使自身不断学习、思考与研究。在与同行或专业研究者的交流中，探讨问题解决的办法，逐渐积累教学经验，使教育研究助力教学问题的解决。

（三）教研同步，推动课改

与实验教材相比，2017年秋期启用的教科书的内容非常丰富，也提供了很多教学资源。教师要根据当地实际和聋生的学情，对教科书的内容进行适当增删处理，以适应聋生的学习需要。在实现基本的教育教学目标的前提下，还要为每一位聋生的个性发展作出弹性的教学设计。因此，聋校语文教师要把握好目标，合理设计教学。这个过程，就需要教师边教学边研究。比如，聋校的语言交往教学是有别于普校、盲校的口语交际的，该内容与"沟通与交往"课程有什么不同，语言交往的教学情境如何创设，怎样激发聋生的交往兴趣，三个学段的主题教学怎样实施等，都是教师需要思考和研究的问题。新课程所蕴含的教育理念需要通过教学实践得以验证。师生共同建构语文知识、形成能力的过程，是需要教学和研究同步进行的。因此，在新课程推进过程中，要求教师深入学习课标，研读新教材，充分研究学生，不断检验和完善教学设计，使新课程改革落到实处。

（四）专业提升，促进发展

在教育教学过程中，教师应当与学生共同成长。教学研究正是实现教师专业化成长的重要途径。教师的专业发展有两种形式，即"拉磨式"循环和"螺旋式"上升（徐世贵，2001）。"拉磨式"循环是形式上持续，实际上走的是原地踏步的发展道路。主要体现在教师凭借已有教学经验进行教学，教育理念、方法和技能没有得到更新，也不善于反思与改进，日复一日，年复一年，在相对窄化的圈子里循环往复。这种模式不利于教师自身和学生的发展。"螺旋式"上升则是一条不断促进教师发展、提升的道路。教师主动更新教育教学理念，进行研究和大胆创新，勇于实践并不断改进教学方法，追求高质量的教学实效，使课堂教学焕发新的活力和生机，教师一步一个台阶地提升自己，甚至成长为专家型的教师。由此可见，我们应选择"螺旋式"上升的专业发展方式。教师主动研究、自我更新、持续改进，将促进教师的专业化不断趋于成熟和发展。在不断前进的专业发展道路上，教师才能真正体验到从事特殊教育的职业乐趣和幸福，感受教育人生的价值与活力。

二、教学研究的常用方法

教学研究常用的方法有个案研究、调查研究、课例研究、教育叙事等。

（一）个案研究

个案研究，是指对某一特定个体、单位、现象或主题的研究。特殊教育教师的教学研究通常是以特殊学生个体为分析单位的个案研究。在语文教育研究中，教师有目的地通过观察、实验、访谈等方法，对研究对象（主要是学生）进行较长时间的系列研究，收集相关资料并进行分析研究。如，聋生在义务教育阶段课外阅读和写作能力相关性的研究。教师开展课外阅读指导，长期跟踪几位聋生，了解他们参与课外阅读活动的情况，收集其写话（写作）的系列作品，通过与相同学段的其他聋生（很少进行课外阅读者）的对比以及对个案写作能力的评估等，发现课外阅读与写作能力提升之间的相关性，梳理研究结论，总结该实验并予以推广。该研究对聋生语文能力的提升、对语文教师的研究素养、对聋校课外阅读的推广都有积极的作用。

（二）调查研究

调查研究就是围绕教育问题，通过访问、谈话、问卷、测验等方式，有目的、有计划地收集有关的事实资料，并对所收集的资料进行分析、整理，从中概括出一定的结论或规律的教育实践活动。调查研究比较适用于对教育现状、发展状态等的研究。

在聋校语文教学中，有很多主题可采用调查研究的方式，如，聋生语文知识和能力评估的研究、语文教师对教科书的推进及实施意见、语文要素在单元教学中的落实、高年级聋生语言偏误现象的研究等。调查研究常用的有问卷调查、访谈调查及测量调查等形式。通过调查研究有利于了解被调查对象的当前状况，从而发现问题，提出改进建议。

（三）课例研究

课例研究，是指研究者围绕一堂课的教学设计、实施及其他与课堂教学相关的各种活动收集资料，包括师生之间的沟通、对话、合作、活动等，是一种目的明确、围绕课堂而进行相关研究的教育实践活动。该研究方法着眼点在"课例"，即教师教育教学实践"主阵地"——课堂，对观察与诊断课堂、发现与解决问题、反思课堂改进教学有着非常重要的作用。因此，课例研究在一线教师的教学研究中被广泛使用。

在信息技术被广泛运用于教育领域的当下，课例研究除了传统的"推门听课"外，还可以借助视频录播系统，反复观看、研究课堂上各环节的教育行为与师生故事，对课堂教学的研究能够更加客观与深入，对某些关键问题还能进一步聚焦研究。

（四）教育叙事

教育叙事是通过研究者的故事叙说来描绘教育行为、进行意义建构并使教育活动获得解释的一种研究方法。通过一个或多个教育故事，读者从这些故事中获得体验，明确教育是什么或应该怎么做等道理。对于聋校教师来说，讲述与自己教育生活相关的教育教学故事，为听（读）者复现真实的教育情境，用其切身体验来谈对特殊教育的认识和感受，胜过任何枯燥的说教，也容易感染听（读）者。因此，教育叙事研究深受广大一线教师喜欢。

教育叙事通常有两种方式：一是研究者叙述自己的教育故事，二是研究者叙述别人的教育故事。无论叙述谁，研究者需要聚焦所研究的问题，结合教育原理，讲清楚教育故事，在"讲故事"与"析原理"融合的过程中，发现与提炼有价值的教学策略、教学模式、教育教学规律和蕴含的道德情感，为学习者提供学习和借鉴的参考。比如，全国"教书育人"教育楷模中特教战线的优秀教师、校长，身残志坚自强不息的聋人教师等，他们的感人事迹和成长历程对特校教师教育情怀、专业意识、专业成长等都是很好的典范。

三、教师教学研究的注意事项

（一）要有问题意识

问题，是教研教改、课题研究的逻辑起点。教师要有问题意识，这是开展教学研究的前提。问题通常来自教师自身的语文教学实践、课堂管理、师生关系等，将研究与语文教学中遇到的问题相结合，即从实际教学中发现问题，把"问题"转化为研究的"课题"。鼓励教师结合自身的教学工作，开展切实的行动研究，教师可以自己进行观察和实践，也可以与教师团队进行合作探究。问题域可以涉及聋生的语言发展、思维能力训练、学习能力的评估、课堂教学的话语权等。当教师选定研究问题后，不宜仓促处理问题。应多角度地深思熟虑，与教师团队讨论，多问几次"是什么""为什么""怎么样"，集思广益，找准问题。

（二）落实研究各步骤

在问题意识的基础上，通过对教学实际的观察、思考、实验，获得教学研究的第一手资料，从中进行分析和探索，进一步梳理对教育教学规律的认识。在教研过程中，教师要认真设计研究的方案，进行实践操作，同时做好观察记录，收集资料，积累研究素材，深入分析、研究，从而形成研究成果。下面以行动研究为例，谈谈开展教学研究需遵循的步骤：

第一步，围绕主题，阅读相关文献，搭建理论框架。阅读文献，可以帮助教师找到已有相关研究的进展。在阅读文献时，教师要有做标注和记录的好习惯，记下重要的观点、想法或主题。做的摘录要经常阅读，再运用图表或思维导图等可视化表达方式，描述自己所研究的主题，搭建好研究的理论框架。

第二步，制订研究计划。这一步要仔细规划、确定数据的来源、收集数据的期限、确认团队教师的参与。这个过程要注意研究的伦理道德，要尊重研究所涉及的聋生、参与人员的相关利益和风险。比如访谈、问卷，要确保参与的聋生、家长以及教育管理者等是自愿的，同时对聋生的个人信息进行保密，要征得聋生以及家长的知情同意等。

第三步，在教学中收集、组织和分析数据。这一步，在收集数据时，要对数据进行组织和编码，并确定数据编码的方式，同时要记录自己对数据的思考和想法，使数据分析可视化表达。

第四步，陈述研究发现，与团队教师分享。说明你对数据的解释，与同事或研究团队一起探讨，逐一澄清、验证研究发现。

第五步，得出结论，挖掘研究的意义，分享研究成果。通过研究，得出结论，指导教学实践，或将研究结果推广应用到相关领域。教师要在工作中发挥自己的主动性和创造性，通过一定的实验研究，梳理研究成果，撰写成研究论文或教学经验文章，进行交流和分享。

（三）养成良好的教研习惯

苏霍姆林斯基说过，学校里真正的创造性劳动，首先是生动的、探究性的思考和研究。可见研究对于教学工作的重要价值。要确保教学研究发挥其价值，关键在教师，在于教师对自身专业发展的清晰规划、对教学研究目标的合理制定、对教学研究的持续投入和长期坚持。有的教师为了职称晋升而参与教学研究，做课题、发表论文，但职称目标达到后，研究热情明显降低。还有的教师认为研究很费时，开展研究增加了教学的负担……要突破这些障碍，除了增强研究意识外，还得从研究的态度和习惯养成着手。保持快乐的心态投入教学工作，积极参加学校的教师培训研修活动，多读书，善反思，勤动笔，让自己循序渐进地达成教研目标。

第六章　聋校语文教师教学能力的培育

高等师范院校肩负着为基层各级各类学校培养合格师资的重任。如何为基层学校输送符合新时代发展要求的师资，始终是我们要考虑的问题。现在世界各地都非常强调教师的专业化。恰逢特殊教育课程改革推行中，课改需要高素质的教师得以落实。教师仅仅学习理论知识和具有特教情怀还不够，还应当具备过硬的教学专业技能。练就扎实的教学基本功，熟练应对各项教学常规工作，即要具备较强的教学设计能力，课堂教学能力，听课、说课与评课能力等。

第一节　教学设计能力

俗话说："凡事预则立，不预则废。"要想上好一堂语文课，课前的充分准备必不可少。到底要准备哪些内容呢？通常需要做好教学设计工作，包括研读教材、分析学情、确定教学目标、明确教学方法、设计教学过程及板书，撰写规范的教案，准备教学用具、制作好PPT、布置相应的教学环境等，这些都是一名语文教师应具备的基本技能。

一、教学设计

教学设计（Instructional Design）又称教学系统设计（向怀坤，2022），最早源自国外教育界，后逐渐引入国内并根据国内教育教学实际情况实现了本土化。对什么是教学设计不同的人有各自的理解。加涅等人认为，教学设计是对教学活动制订计划的过程；梅瑞尔等人则认为，教学设计是建立在教学基础上的一门科学；北京师范大学何克抗教授认为，教学设计主要是运用系统的方法，将学习和教学理论的原理转换成对教学目标、教学内容、教学方法和策略、评价等的具体规划，设计"教"与"学"的过程；华东师范大学皮连生教授认为，教学设计是在实施教学之前，依据学习论和教学论原理，用系统论观点和方法对教学的各个环节统筹规划和安排，为学生的有效学习创设的准备过程（任运昌，2016）。

从学者们对教学设计的理解可以看出，教学设计基于一定的教学原理和方法并把这些原理和方法系统地转换到教学活动各环节中以提高学习者的学习效果，实现既定教学目标。教学设计既可以是对一门课的设计，也可以是对一个主题的设计，还可以是某一课时的设计，其可大可小。对语文教学而言，除了要从整体上进行教学设计外，更要关注具体某一课文、某一课时的设计，通过具体课时完成整体的教学任务，达成整体教学目标。这里所说的教学设计主要指单课的教学方案设计。

二、单课教学设计

（一）研读教材

教材是教学内容的重要载体，分析教材的重点在于教学内容的分析。《聋校语文课标（2016年版）》出台后，人民教育出版社于2017年秋期开始陆续出版聋校语文教科书，选入教科书的语文内容体现了鲜明的时代特征及学生日常生活性，同时又选入一批优秀的传统文化素材，为聋生学习现代语文知识、掌握生活常识、了解优秀传统文化奠定了坚实的基础。教科书依据《聋校语文课程标准（2016年版）》的理念和要求所编写，按照"个人生活""家庭生活""自然与社会"等主题安排内容，让学生从学习认识自己的事与物到认识身边的事物再到认识社会，题材丰富多样。如，认识身边事物的《超市里》、朗朗上口的《动物儿歌》、优美的散文诗《荷叶圆圆》，还有描写各地风土人情的美文《画家乡》等，文本可读性强，体现了语文教科书全面育人的特点。每个单元后又安排了"语文园地""快乐读书吧"等，帮助聋生巩固、拓展所学知识。此外还有相应的助学系统、练习系统，又在每册必学课文之后增加了选读课文，方便聋生自学、巩固，这样灵活的安排满足了不同能力层次聋生的需求。

每册教科书的内容都有一定的体系结构。在开展每课教学前，教师先要从整体上了解教材的结构和内容，分析这些内容体系是如何安排的，涉及了哪些知识点、如何呈现、前后关系是什么、语文要素如何落实等。另外，要熟悉教学的知识点和重难点，明确哪些内容是教学的重点，哪些对聋生而言是难点，哪些内容需要精讲，哪些需要略讲，哪些聋生自学。总之，要理清教材的整体思路，做好全局规划，把握住每个语文教学知识点。

对单课而言，最重要的工作是精心研读课文，找准课文内容及其教学点。单篇课文的分析可以从题目、作者、写作背景、体裁、结构、语言、人物形象、主题、插图及练习等入手展开，以了解课文的基本内容、特点、大意、主旨。一般而言，单篇课文分析要明确该课的主要内容，如课文需要教会聋生认识多少个生字，讲了一件怎样的事情，文本结构是怎样的，使用了哪些修辞手法等，该课在整个单元或整册中所处的地位和作用是什么。

（二）分析学情

聋生是教学的对象，是学习的主体，在教学前教师需要了解聋生的一些情况以便采用恰当的方法开展适合的教学，设计出有效的教学环节。一般而言，要了解聋生的一般情况和已有的语文基础能力。一般情况通常是显而易见的，如聋生人数、听力损失情况、学习习惯、态度等。已有的语文知识和能力基础是教师分析学情的重点，聋生的个体差异和语文基础不同，学习的优势和弱势、难点则不同，对不同聋生或不同能力层次的聋生采用的教学方法、要学习的知识点或要达成的教学目标则可能会有所不同。

总之，学情分析需要重点对聋生的语文基础能力进行了解，避免简单化、笼统化的学情说明，不能只简单说明聋生的一般情况而忽略了他们已有的语文知识基础、个体差异、学习本课内容的优势和弱势等，只有深入、透彻地把握学情，才能确定适合聋生的教学内容和切入点，有针对性地设计教学目标开展教学。

（三）确定教学目标

在吃透教材和了解了聋生情况后，根据实际情况设计出合理的教学目标。教学目标是教师在教学活动开展前对聋生学习本课应达水平的预期，它指导着教师的教，也引导着聋生的学，是衡量一节课是否有效、多大程度上有效的检验指标。目标设计的好坏直接影响着教师的教和聋生的学。

1. 教学目标的分类

教学目标有学期目标、单元目标和课时目标。学期目标主要是针对整册语文教材所做的总体目标，是聋生通过一个学期学习后所要达成的大目标。单元目标则是整体目标的下级目标，是针对语文教材中不同单元主题所设置的总目标，是连接学期目标和单课目标的桥梁。课时目标则是针对每一节课所做的教学目标，对于一节课而言，教学目标主要指通过40分钟左右的教学聋生能达成的基本要求或标准。聋生已掌握的内容或知识点将不再作为本课教学目标，而将他们不完全会或完全不会的、必须要掌握的内容作为基本目标。

2. 制定教学目标的要求

教学目标的制定，第一，依据《聋校语文课程标准（2016年版）》，要搞清楚课标中所规定的学段目标和内容。第二，要了解聋生的语文知识结构，教材的主要内容、重点和难点，找准教学的立足点，既要把握住聋生应学的内容又要明确应达到的程度。第三，要从知识与能力、过程与方法、情感态度与价值观、康复训练、潜能开发方面综合设计目标，但不能割裂地看待三维目标，因为不是三个目标而是目标的三个维度。知识与能力目标是对聋生学习结果的描述，即他们通过学习所要达到的知识与能力结果，是结果性的目标，通常要求他们能学懂、学会、会应用。过程与方法目标是聋生在教师的指导下，如何获取知识和技能的程序和具体做法，是过程目标，又叫程序性目标，强调做中学、学中做及反思。而情感态度与价值观目标是聋生对过程或结果体验后的倾向和感受，是对学习过程和结果的主观经验，又叫体验性目标，包括认同、体会、内化三个层次。潜能开发即是以生为本，用发展的眼光关注聋生的天赋或优势，但不能空设或设计过高的潜能目标以致聋生无法达成。康复训练是基于教康整合的理念，从聋生看话、听话和说话等方面设计目标。

对于目标的描述，尤其是知识、技能类的目标，一般要用具体、明确、可测量的词语来表述，可以采用 A（对象）、B（行为）、C（条件）、D（结果/标准）的形式进行。对象主要指聋生，即聋生是达成目标的主体，通常省略不写。所以我们在撰写教学目标时应从聋生的角度来进行叙写，如"认识……""会写……""能用……"，避免出现"使聋生……""让聋生……""培养聋生……"之类的词组。如，聋校《语文》二年级上册《秋天》的教学目标为：

目标 1：认识"凉""落"等 8 个生字和"冫""穴"两个偏旁，会写"凉""黄"等 8 个字，会写"秋天来了"等句子，会打指语。

目标 2：能说出课文描写的景物，了解秋天的一些特征。

从"认识""会写""说出"等可看出目标主体是聋生，通过这些行为词语可以对聋生的学习成效进行评价。

对情感类目标的设计要符合课文的人文内涵，不设空泛、高大、与课文相去甚远的目标。

另外，一篇课文可能有很多知识点和内容需要教学，这样就可能有很多的目标要完成，在写一个课时的目标时要思考聋生在 40 分钟左右的课堂时间中能完成多少教学内容的习得、达成多少教学目标。因此，需要对课程目标的重要程度进行排序，根据语文教学的规律来安排一个课时的目标，即单个课时的目标通常不会很多。

3. 确定教学的重难点

在设计单课的教学目标时，其实已经比较清楚教学目标中哪些是重点、哪些是难点或者哪些既是重点又是难点。通常，聋生必须掌握的语文知识和需要具备的语文基本技能应作为教学的重点，聋生在学习过程中遇到的较抽象的概念、远离生活的内容或难以体会的情感等可能是教学的难点。比如聋校《语文》二年级上册《家》这一课的教学重点是理解课文的主要内容、朗读课文及感受爱家、爱祖国的情感，而教学的难点在于理解"家"的含义及"祖国就是我们的家"的意思，这两项内容是课文没有明确提及但又密切相关的。因此在制定具体的教学目标和重难点时，需要视聋生情况进行教学。

4. 注意事项

在制定教学目标时，需要注意以下几个问题：

第一，一节课的教学目标不宜太多，一般 3 个左右比较合适。一节课目标太多未必能达成，同时说明教师对本节课的教学并不明确，抓不住教学的重点。

第二，教学目标应符合聋生实际和语文教学常识，即合情合理。比如《家》这一课已经学习了生字词后，教学目标就应着重在理解"白云、小鸟、鱼儿、种子"各自的家在哪里，能正确朗读课文，感受大自然的美及对家、对祖国的热爱。能力强的聋生可以学用句式"（什么）的家在（哪里）"来说一说、写一写句子。

第三，针对聋生的教学目标是否要分层没有统一要求。如果聋生个体差异较大，最好分为不同的能力层次，如果聋生能力相当则可不分层。

第四，在设计教学目标时应考虑教学后聋生的达成情况，即目标的设置不仅要合理且应能评估，方便教学后的评价和总结。

（四）明确教学方法

教学方法是实现教学目标的重要手段。一节课选用哪些教学方法没有统一的要求，但可以参照以下几个方面。

1. 依据教学目标

每堂课都有既定的教学目标，要根据不同的教学目标选择相应的教学方法。如，要使聋生掌握语文技能，多采用练习法；要提高聋生的逻辑思维能力和语言表达能力，则采用朗读法、谈话法、讨论法；要提高聋生的动手操作能力，则采用操作法、实验法等。

2. 结合学情

教是为了聋生更好地学。教学方法要考虑聋生的年龄特点、听损程度、语言能力、生活经验和知识基础等。如，低年级聋生抽象思维能力弱，则宜用情境教学法直观展现情境，帮助他们更好地理解内容；高年级聋生具备较好的抽象理解能力，则可采用讲解法、谈话法或讨论法。

3. 根据教学内容

不同的教学内容采用的方法有所不同。如，阅读教学倾向选择讲读法、质疑法、情境教学法，拼音教学宜采用活动和游戏的形式，识字教学可选用图片、视频、动作演示。

4. 依据教师的教学风格

教学方法的选择还要契合教师自身的个性特点和教学风格。适合自己使用，并能充分把控，才有可能在教学中发挥其作用。因此，教师要根据教学经验和自身优势，扬长避短，选择适合自己的教学方法。

5. 依据教学环境

在时间、环境、设备允许的情况下，合理利用信息技术与网络优势辅助教学，最大限度地发挥多媒体信息技术的功用。

（五）设计教学过程

教学过程是教师有目的、有计划地引导聋生获得知识、形成能力和涵养品性的一个过程，是教师与聋生、教与学双边互动的过程，反映了从教学开始到结束的整个阶段，是教学方案设计中的重点之一。教师要精心设计教学过程，让教学"最优化"。

1. "五环节教学"模式

传统的"五环节教学"模式即组织教学、复习旧课、讲授新课、巩固练习和布置作业。此种模式以教师和教材为中心，偏重于教师的讲，学生多处于被动接收、记忆的状态，不利于发挥学生的主动性。这种模式适合新手教师开展教学，由于新手教师才开始接触课堂教学，教学经验、组织教学内容、调动学生积极性、把控课堂变化的能力较弱，而这种模式的教学过程环节相对固定，新手教师容易把控。

2. 以探究为主的教学模式

目前此模式运用较多，如"引导发现法""尝试教学法""六步教学法"等。该模式注重学生的主体性，是以学生主动学习为主的教学。其基本教学过程为：组织教学—创设情境—合作探究—讨论交流—巩固应用—归纳总结—小结—作业。探究式教学要求教师发挥其主导作用，教学环环相扣，引导学生自主、合作、探究学习，在学生归纳总结的基础上教师再画龙点睛。因此，该模式对教师教学能力的要求较高。

3. 其他教学模式

除了上述两种类型的教学模式外，还有其他几种教学模式。如，以讨论为主的教学模式。常见的"茶馆式"教学流程：读一读、议一议、练一练、讲一讲。其中"议"是关键。再如，以培养能力为主的训练模式：自学—解疑—深化—小结（杨春生，2002）。还有以反馈为主的教学模式，如"尝试指导—效果回授"：问题情境、指导尝试、变式训练、系统归纳和反馈调节。

无论采取何种模式，教师应努力构建民主、平等的师生关系，明确在哪个环节讲什么内容、提什么问题，用什么方式解决重难点，详讲和略讲内容怎样设计，如何引导聋生主动参与、探究、讨论和练习等，创造性地设计出教学的各个环节。

总之，教学过程的设计是备课的关键，是实现教学目标的主要途径，直接关联着上课的实效。作为聋校语文教师，应养成对教学过程精雕细琢的习惯，把教学过程变为激活、帮助聋生主动学习的过程，变成教师完善自己、提高自己的过程。

（六）撰写教学方案

教学方案是教师用规范的结构和准确的语言对每节课进行的具体设计，是对课堂教学活动的预期安排，通常包括课题名称、教材分析、学情分析、教学目标、教学重点难点、教学方法、教学用具、教学过程、板书设计、设计意图等。撰写教学方案的关键是要清楚呈现各部分内容。其中，教学过程的撰写既是重点又是难点。第一，要把握住课堂教学的基本流程。第二，要体现出教师的教和学生的学，要预设教师和学生的活动。学生能力差异较大时需要设计出差异性的教学活动，为不同能力层次的学生参与教学活动作出安排。第三，教学过程要体现教学目标的达成过程。第四，要预设每个环节的大概时间，明确重点、难点内容讲什么、怎么讲、讲多少，次要内容又该如何讲。第五，要重视整体思路和大环节、小细节的安排，把控好教学的每个过程。第六，做好小结。

一个新内容的结束或一节课的结束应该有明确的结尾，让聋生知道这节课学了哪些内容，让他们有整体的认知。另外，还要设计好板书，一份好的板书不仅能呈现出课堂主要内容，也是教师教学思路的体现。

对新手教师而言需要写详案帮助自己熟悉整个教学流程，做到心中有数。撰写教案时要注意：第一，格式规范。如，字体大小、空格、数字及序号标识、行间距等应统一。第二，注意标点符号的正确使用。通常一句话结束后需要使用相应的标点符号进行标注。第三，教学过程不能太简单或只有基本环节说明。一般来讲，教学过程需要在大环节下细化出不同的小步骤、小内容，这样的细节可以帮助教师处理一些可能会被忽视的教学内容，如一个字在不同情境中读音可能不同、一个词语在不同的句子里含义可能不同等。在教学过程中还需要对教师和学生的活动作出相应的预期和安排，以应对实际教学过程中可能出现的突发状况。第四，板书设计要布局合理、重点突出、条理清晰、主副板书各有侧重，书写工整、规范。

总之，教学设计是教师课堂教学前的重要工作。教学方案的撰写是教师课前的必备工作，要常备常新，以满足聋生不断增长的知识和能力发展的需求，精进教师业务技能，提升教学质量。

第二节　课堂教学的能力

课堂教学是将教学准备转化为实际教学的过程，是完成教学任务的主渠道。想要上好一堂语文课，需要具备基本的课堂教学能力，主要包括导入、讲授、提问、示范、板书、结课等技能。

一、导入技能

导入是在新的教学内容或活动开始时，为激发学生兴趣引导学生快速进入学习状态的起始环节。导入的好坏决定着学生能否将注意力转移到课堂教学中、转移到课文内容中。

（一）导入的作用

好的导入可以激发学生的学习兴趣，引发学生的学习动机。兴趣是最好的老师，生动有趣的导入可以一下子抓住学生的注意力，从开始上课到全身心进入课堂有一个短暂的过渡阶段，将学生引向所学内容，快速进入课堂内容的学习中。

明确学习的目标，确定课堂的基调（胡冰茹，周彩虹，2020）。好的导入就像音乐前奏，能快速抓住学生的心。在此基础上揭示学习内容，让学生想学，想知道接下来会发生什么，有进一步探究的欲望。

（二）导入的方式

不同课程内容、不同教师上课使用的导入方式各不相同，常用的导入方法有：直接导入、复习导入、直观导入、创设情境导入、设置疑问导入等（王宗海，肖晓燕，2011）。

1. 直接导入

直接导入，言简意赅、开门见山地告知学生本课要学习的内容。如，《小学生》一课，老师可以开门见山地说："小朋友们现在都是一年级的小学生啦，今天我们就一起学习第一课《小学生》。"直接导入非常方便但缺乏生动性，对调动学生的积极性不够。

2. 复习导入

复习导入是在对旧知识进行复习的基础上引入新课内容，是在"温故"的基础上"入题"而"知新"（邹冬梅，汪飞雪，2012）。如聋校《语文》五年级上册《鹿角和鹿腿》第二课时教学，有老师是这样导入的：上节课我们学习了《鹿角和鹿腿》的第一部分1~4自然段，谁来说说这一部分讲了什么内容？学生回答完后，老师接着引入第二部分（5~6自然段）的学习。这样的导入方式可以将第一课时和第二课时的内容衔接起来，帮助学生"温故"的同时又顺理成章地过渡到新知识的学习。

复习导入时要注意：一要避免长时间的"导而不入"。复习是为新学内容做铺垫，应避免将复习导入变成了复习课。二是复习导入的内容应与新授内容紧密联系。教师在复习导入内容或方式时应考虑复习的内容与新授内容的关系，联系不紧密或不必要的内容可不复习。三是设计好复习导入的形式。如果是阅读教学则以复习前面重要的情节、关系、关键点等入手，若是识字教学不妨以游戏的形式开展识字复习。总之，要依据新授内容来设计适合的复习导入内容与形式。

3. 直观导入

直观导入，主要是通过实物、模型、视频等的展示，设置问题情境导入新课的学习。聋生在视觉方面具有独特的优势，具体形象思维较好，教师可借助实物、图片、视频等引起学生的兴趣，初步感受要学习的内容。如，学习《小猴子下山》一课时可以先播放小猴子下山的视频，引入课文的学习。需要注意的是，直观导入要简洁凝练，内容展示应清楚、明确，避免呈现过快、模型太小等，也要避免一直重复拖沓地展示。

4. 创设情境导入

创设情境导入，主要是创设与课文内容相关的情境，引导学生在情境中体验而引入新知的方法。比如《超市里》一课，教师可以设计这样的情境："老师新开了一个超市，请大家来购物，大家看看超市里都有哪些物品呢？"创设情境导入的方式通常需要借助直观的事物或者语言引导学生进入情境。

5. 设置疑问导入

设置疑问导入，是通过设置悬念引发学生的好奇心，引入课文内容。如《水果》一课，教师可以事先把水果放在一个封闭的口袋里，让学生猜猜或摸摸袋子里有什么，再展示袋中物品或让学生说说摸到的物品，引发学生的兴趣。

总之，导入的方式多种多样，具体采用哪种导入方式可以结合课文内容、学生年龄及已有的认知水平等进行设计。

（三）导入的注意事项

在导入时要注意：第一，明确导入的目的。导入是为了集中学生注意力、激发学生学习兴趣、为新课学习做铺垫，不管导入的形式如何，其内容都应为新课服务。要学生学什么、什么样的导入最能引起他们的兴趣，事先应设计好。第二，导入尽量新颖、富有启发性，可以是材料新颖、形式新颖，材料和形式都是为内容服务，因此皆要立足启发性，能引导学生思考、有进一步探究的愿望。第三，注意导入时间。导入是为了引出新授内容，因此导入时间不可过长，40分钟左右的课导入建议控制在5分钟以内，微型课的导入时间更短。第四，要找准切入点。教师需要研究课文内容，抓住课文内容的突破口、关键点等设计导入方式。

二、讲授技能

讲授是教师通过口头语言、体态、多媒体等方式向学生呈现、解释、传授知识，帮助学生理解教学内容的行为。讲授几乎贯穿整个课堂教学活动。

（一）讲授的要求

好的讲授能引发学生思考，传递准确的课程内容，能体现语文课堂教学活动的育人功能，因此，讲授要体现教育性、准确性、简明性和启发性。

1. 教育性

教学首先具有教育性，教书育人同步而行。教师的讲解对学生的认知、思想、道德、情感等都有着潜移默化的作用。因此，教师要深入领会教学内容的思想内涵和教育价值，通过生动的语言表达传递正确的价值观，帮助学生认识语文教学内容的教育功能，让学生从课文学习中得到思想和情感的升华。

2. 准确性

课堂教学活动的首要要求是教师讲授的知识点必须是正确无误的，包括内容正确、语文学科知识正确，言语规范、准确，发音、用词、语法等符合学生认知特点。如"zhi"是整体认读音节、"u"的第一笔是竖右弯等，这些内容的讲解应准确。

3. 简明性

一节课的时间有限，课堂讲解的内容应落脚于关键点、重点部分。对课文内容的阐释、说明、描述等应简洁明了，避免啰嗦、拗口、口头禅及专业性强的用词。因此教师讲授时应认真组织语言，反复推敲、提炼，做到言简意赅、干净利落。

4. 启发性

通过讲授让学生明确学习的目的、意义，在激发他们学习兴趣的同时，引导他们想象、分析、比较、归纳，激发他们积极思考，引导其感知形象，体悟情感、思想。如《小熊住山洞》中可以紧紧围绕"小熊为什么舍不得砍树"这个点，启发学生通过分析、对比等方式，理解小熊一家爱护树木的情感。

（二）讲授的时机

想要讲好一堂课，首先要研读课文，找出师生、文本对话的突破点、重难点，思考如何把文本语言、教师语言转换为学生能理解的语言，精心构思讲什么、怎么讲、什么时候讲，因此讲授的时机非常重要。

1. 学生疑惑的地方要讲

有疑惑的地方对学生而言通常是难点，此时，教师应仔细讲解帮助学生解惑。

2. 含义深刻的地方要讲

如《大还是小》一课中的"大"和"小"，并不是我们日常理解的物品大小的意思，而是指"自己能做到"和"不能做到"。这里的"大""小"具有引申义，需要教师进行讲解，帮助学生更好地理解"大""小"，体会课文的深刻内涵。

3. 在留白的地方讲

留白的地方要讲。有时候课文没有直接呈现某些内容，这些地方对学生而言容易忽略或引发学生想象，这些地方需要教师通过讲授，引导学生思考、讨论、想象。如《小猫种鱼》一文的最后，只提到小猫把鱼种在地里，它想秋天一定会收到很多鱼。课文没有写出它最后是否收到了鱼，这里留给学生思考的空间，教师应引导学生理解课文这里留白部分的深意。

4. 学生出现错误时要讲

出现错误，说明学生对此部分的内容没有理解清楚或者存在认识上的错误，因此，需要教师通过讲授引导学生正确认知。

5. 有争议的时候要讲

学生有争论的时候，教师要引导学生寻找肯定的、正确的答案，因此也要进行相应的讲授（王宗海，肖晓燕，2011）。易争论部分往往给学生似是而非的感觉，这里可能是课文内容的难点，也可能是课文上下文过渡的地方，还可能是留白的地方，需要教师通过准确的讲解给学生释疑定调。

总之，教师要在课文关键的地方讲授，让学生对课文有更深入的理解，弄清楚课文内容或传递的情感、态度、价值观等。

（三）讲授的注意事项

讲授在传递信息方面具有单向性，聋生是信息接收者，一般较少有对应的互动。讲授技能若运用不当会引来很多争议。要发挥讲授的有效性，需要注意以下几点。

1. 把握好讲授时间

学生的年龄不同，课堂有效注意的时间不同，因此教师不可长时间讲授，一般以10~20分钟为宜。

2. 把握好讲授内容的含量

一般而言，教师讲授的内容要少而精，避免整堂课的讲授，也要避免全程放手让学生自学。因此，讲授的内容要适度。重点地方多讲，次要地方少讲，这样的讲授逻辑清楚、条理清晰，能调动学生的主动性，也展现出教师对教学内容的把控能力。

3. 要顾及学生的知识基础

一堂课教学的内容之间应具有一定的关联性。在课堂讲授过程中，教师需要结合学生已有的语文知识和技能展开，远高于学生知识基础的内容，学生学习起来困难，最好能让学生"跳起来即够得着"。

4. 激发学生有意义的理解

讲授应落脚于重点难点处，帮助学生深入理解课文内容。如《葡萄沟》一课中为了帮助学生理解"五光十色"，教师需要结合探究、设疑帮助学生理解"光"在此处的妙用。

三、提问技能

提问是指在课堂教学过程中，教师通过精心预设或现场生成的问题，引导学生进行文本、师生间的对话，实现教学目标的活动。课堂提问涉及设问、发问、候答、叫答、应答、理答6个环节（王宗海，肖晓燕，2011）。有效的提问是实现教学目标、学生正确理解教学内容的重要手段，通常包含知识性、理解性、综合性、评价性的提问。一般而言，低段或基础知识的教学活动以知识性、理解性的提问为主，中高段或含义深刻的课文以理解性、综合性、评价性问题为主。具体提什么问题，需要结合课文、学生特点、教师个人能力等考量，尽量避免无效提问。因此，提问应注意以下几点。

（一）整体性

每个知识点的提问所涉及的内容都不是孤立的，相互间有一定的内在联系，所提的问题应集中在关键点上，形成环环相扣、思路清晰、逻辑性强的问题链，引导学生逐步理解课文。如，聋校《语文》三年级下册《小蝌蚪找妈妈》，可设计两个问题：一是小蝌蚪找妈妈的过程中都遇到了谁？他们为什么把乌龟当妈妈？二是小蝌蚪是怎么成长为青蛙的？围绕这两个问题，引导学生带着问题读课文，思考并解答疑问。

（二）层次性

提问时一般面向全体学生，在特定情境下可以针对个别学生提问。针对不同能力层次的学生，提问应是有差异的。如，针对能力强的学生可以问一些综合性、评价性的问题，针对能力一般的学生可以问一些理解性的问题，而针对能力较弱的学生则需要提一些常识性的问题以鼓励他们更好地听课。

（三）清楚地呈现问题

提问时应将问题表达清楚、简洁明了，让学生理解所提的问题是什么，避免过长过多的语句修饰掩盖了问题的本质。主要或关键问题可以适当呈现在黑板或 PPT 上，帮助学生记住问题，同时还可适当地重复一下或先请学生重复一下问题再回答，帮助学生理解问题与答案之间的关系。

（四）适时、适度、适量

适时，即提问要选择适当时机。在导入、新授、讨论、练习等环节，教师适时提问，能促使学生积极投入学习活动中；学生注意力不集中时可用提问来引起他们注意，帮助他们重新回到课堂。适度，即提问要有广度、深度、坡度。课堂提问既不能让学生望而生畏，又不能让学生长时间不动脑筋即能轻易答出，要让学生感到"三分生，七分熟，跳一跳，摘得到"。适量，即提问的数量要适当，避免满堂问、处处问。要留给学生充分思考的时间，低段学生由于记忆容量有限，尽量一次只提一个问题，避免他们遗忘。

四、示范技能

示范是教师通过口头、肢体动作或借助材料对语文教学内容进行正确演示的过程，给聋生提供借鉴和参考。教师示范的作用在于提供范例、释疑。在语文教学的过程中针对重点或难点，需要给聋生先做一个正确的演示，帮助他们更好地理解内容。如，学习"日"字时，教师需要先进行"日"字义的讲解，示范指语和手势，聋生通过模仿习得"日"字。又如，聋生可能会对"月"字第二画有错误的书写，此时教师需要先做示范性的书写，讲解第二画是"横折钩"而不是"横折"，也不是"横竖"。

示范时需要注意以下几点：第一，操作要规范，具有示范性。聋生通常以教师的示范作为标准，教师的错误示范也可能会被聋生习得，因此，教师在示范时应准确、规范。第二，如果借助教具时，演示物要有一定的尺寸、高度，位置摆放要适当等。第三，对演示物的指示要到位，如对笔画的书写示范，可以借助不同颜色进行标注，帮助学生看到教师指示或示范的笔画部件。

五、板书技能

为了配合教学，教师通常要在黑板上以文字、图形、表格等方式向学生呈现教学主要信息，这样的活动方式称为板书。板书的形式多样，需要基于内容和教师的需求进行个性化的设计。板书的基本要求有以下几点。

（一）布局合理，层次分明

布局合理主要是板书前要对需要呈现的内容进行设计，体现主副板书的区别及板书内容的逻辑特点。主要内容呈现在主板书位置，标题写在黑板的正中靠上的位置，再以标题作为中轴线在下方设计相应的板书内容，次要内容可以放在副板书位置。层次分明主要是指内容的安排上要有所侧重，体现教学的逻辑思路。通过主副板书的不同呈现，其教学的重点自然凸显出来。

（二）板书规范，内容精练

示范性主要是教师在进行板书时需要为学生树立良好的标准，如书写的汉字规范、内容正确。内容精练主要是指板书要能体现当堂课的主要内容，不必要的内容不呈现或少呈现或呈现在副板书上。写好粉笔字是教师基本功之一，通常语文课需要写正楷字，不建议全黑板贴图、贴画、贴打印字条等。一是因为语文课姓"语"，语言文字的呈现是其主要内容，过多的图片或贴画不利于语言文字的学习，适当的简笔画是可以的；二是过多的图片或贴画不能展示教师的板书设计、书写能力等基本功。

（三）保持板书整洁干净

板书是配合课程内容进行的书写，即教师要边讲边板书。考验教师对内容的把握能力，在边讲边板书的过程中容易涂改、擦拭，因此，有必要保持板书的整洁，避免零乱，影响学生视觉。

一份好的板书可以呈现一堂课的重点，让学生一看板书即知道本次课的主要知识点，也方便教师总结本课内容。

六、结课技能

结课即课程收尾工作，也称教学小结。它是师生在完成既定教学任务后，对教学内容的总结归纳和升华拓展。通常可以借助板书带领学生回顾课堂的主要内容，给学生整体认识，也为情感升华或下节课的内容做铺垫。一堂有效的语文课是"有始有终"的完整课堂。从导入到结课，应呈现整体的教学思路和流程。

总之，一堂好的语文课既有课前认真细致的准备，也有课堂上充满自信的教学。教师引领着聋生在学习语文知识、获得语文能力的教学过程中，感受语文课堂的魅力和无限生机。

第三节　说课、听课与评课的能力

说课、听课和评课作为教师的专业技能，也是提高教师教学能力的重要途径。以下分别对这三者进行介绍。

一、说课

聋校语文课程改革，强调学生的主动性、独立性、体验性和问题性，也对教师提出了新要求，利用教育新理念，不断改进教学手段，提高教学效率，真正实现学生的主体地位。这就要求教师利用说课阐明教学活动的理论依据，将理论与教育实际有效结合，深化课程改革。

（一）说课的定义

1987年，在河南省新乡市红旗区教育委员会的《说课论》中，第一次提出说课的概念，指出说课是一种能在短时间内了解教师的教学设计，展示教师教学能力、教学水平的教学活动（郑雪云，2016）。随后，1992年"全国说课研究协会"成立，说课从河南走向全国，说课的相关论文陆续发表在各期刊。经过30余年的发展，语文说课已经有相对完整的理论体系，被广泛应用到教育教学实践中。关于说课的定义及内涵，迄今仍然没有一个公认的、明确的学术定义，不同学者对说课的理解与界定是不同的（于雅楠，2019）。以下分别从性质、内容、操作环节和组织形式上来归纳总结出四种解释。

第一，从性质定义说课，可以分为师资培训说课、教研活动说课、赛课活动说课等。以"师资培训说课"为例，是指教师以口头语言表达的方式，依据教育教学理论及教材，针对某节课，以教师为对象进行的示范性的教师培训活动。第二，从内容定义说课，是用列举的方式直接阐述说课的内容。具体指根据教材的某个章节，教师有针对性地根据课程标准、教学理论、教学目标、重难点、教法学法、教学过程等环节进行的说课。第三，从操作环节定义说课，是指说清楚说课在教学活动中的位置，与备课、上课的先后关系等。如说课是授课教师在独立备课的基础上，在授课之前，面对专家、领导、评委或同行，系统地谈自己的教学设想和理论依据。该定义明确说课是在备课后、上课前的一种教育行为。第四，从组织形式定义说课，主要用以区分说课是教师个体的活动或集体活动。该种解释强调一人主说，其余教师参与评价或交流讨论、多向交流。

当前，多采用郑金洲教授（2007）关于说课的定义，即说课是教师以口头语言对自身教学设计、教学实施等情况进行分析和说明的教学行为，它是教师职业活动的基本构成，是课堂教学行为的延伸和扩展，是教师总结教学经验、发现教学问题、提升教学智慧的重要手段和桥梁。

（二）说课的作用

1. 加强教育教学的理论性

聋校语文教师应该加强《聋校语文课程标准（2016年版）》、学科专业知识和教学知识学习。说课作为学习的助推器，可以根据教师对课程标准和相关资料的学习和研究，找到教学设计中的理论依据，做到"对标设计"。同时，通过说课，教师也可以发现教学设计过程中违背教育教学规律和课程标准的做法。而这种课堂教学组织与学习过程管理指示教师如何设计教学语言、如何对学生犯的错误进行归类纠错、如何进行教学反馈、如何进行分组教学活动，体现教师在课堂教学中的作用等，做到教学实践与反思螺旋式进行。

2. 减少教学的盲目性

"备，慎也"出自许慎《说文解字》，说明了备课时要从精神上、从思想上高度重视，需谨慎。备课是整个教学过程的总策划，是教师根据课程标准和教材的内容，结合学生的实际情况，将教材中的知识转化成课堂教学的过程（蔡慧琴，2008）。备课是教师教学的重要环节，也是基础环节。在新课程改革背景下，备课还需要遵循"新课标理念"，以课标指导备课及上课环节，这样才能避免教师在备课时，以自己的教学经验、教材内容和网络资源为基础来获得讲课内容。开展说课，可以充分挖掘出备课的潜在问题，使得备课的过程和内容不会再以"上完"一堂课为目的，而是以遵循新课标要求"上好"一堂课为目的。说课根据学情、教材内容、教学资源等，确定教学目标，明确选择教学方法的理论依据，以增加教师备课的科学性。尤其是在集体说课中，以教师个体有备而来为前提，集体分享讨论为关键，个体再备而用为目的，共同进步、共同成长（余文森，2008），使学生真正受益。

3. 避免教学的随意性

在教育教学中，课堂教学是最复杂最核心的环节。复杂表现在学生是活生生的个体，也是正在成长的未成年人，差异性较大。尤其是听障学生，由于听力损失，接收从听觉获得的信息存在差异性。所以，随之而来的认知、口语等一系列差异性，要求教师重视其个别化教育及潜能发展。从核心来说，教师一切的教育教学活动都是为课堂教学服务。所以，要想发挥课堂教学的核心作用，提高课堂教学的实效性、将学生作为课堂的主体是关键。在教学中，教师组织学生开展不同的教学活动。学生在课堂的有限时间内，从教师所设计的教学活动中，获得不同的学习效能，这种效能差异对学生的学习输入和输出产生不同的影响。所以，对教师而言，保证学生在一堂课中得到最大效能影响，就要做好充足的准备。经过说课，有助于教师审视教学设计中的问题，以课程视角看待师生互动、教学成效等。在课后，教师通过说课，可以发现实际课堂教学中出现的问题、学生的学习态度和学生的接受水平等，以便教师对学生进行更深刻的分析，并提高后续教学的有效性，这样才能真正确保学生在课堂中的主体地位。

4. 避免教研活动流于形式

学校开展教研活动的目的是促进教师的专业成长，更好地提升教育教学质量。通过对课堂教学的探究、对课堂教学实践的总结和对课堂教学质量的评价，来提高每位教师的专业素养。在开展教研活动中有时会出现表面化、主题偏差的问题，达不到期望效果，甚至开成了座谈会或"批判会"。为了避免上述问题，说课给教师提供了一种教研活动思路和方法。在此活动中，教师可以展现自己的教学设计构想，从说课中发现教学问题并及时做出调整。说课活动也可以供教师及同行之间互相交流和学习，总结出最优的教学方法。说课可以提高整体教学质量，推进语文教师专业化发展和教学方式的变革，让教师获得专业的成长和进步。

（三）说课的类型

说课从不同的角度来进行划分，一般有以下几种类型。

1. 按授课先后顺序划分

根据说课服务于课堂教学的顺序不同，可以将说课分为课前说课和课后说课。在备课之后，课堂教学之前进行的说课是课前说课。在此时说课的目的是进行课前"预演"，教师可以根据自己的教学设计、教学思路和构想进行说课。从说课的过程中，教师可以发现自身教学设计存在的问题。比如教学目标如何达成、教学重点难点是否讲清楚，学生的学习效果是否达到预期等。这种在课堂教学之前进行设计的优化，用说课的形式完成，也可以称作预测性说课。而在课堂教学之后进行的说课，就是课后说课。这种说课主要是起到课后总结和反思的作用，从学生实际的课堂效果出发，分析教学设计和学生课堂表现等问题。这种为了改进课堂教学的不足和拓展教学课堂的优势，在课堂教学之后进行的说课，也称作反思性说课。而在课后进行的集体说课，不仅是教师本人和团队对教师教学的评价和总结，更是对学生学习效果的讨论，与后面章节提到的评课有相似之处。

2. 按说课主体不同划分

根据说课主体不同，可以将说课分为两种。一种是由授课者本人进行的说课，这种说课可以在课堂教学之前进行，也可以在课堂教学之后进行。作用和方法见上面课前说课和课后说课。另一种是由评课者、听课教师等进行的说课，一般是在课堂教学之后进行，重在交流，互相学习，共同提高（司灵童，2021）。

3. 按教学内容不同划分

说课根据内容可区分为课程整体说课、单元说课、章节说课（贾孟喜，2019）。整体说课是指教师面对同行或专家，以口头形式系统阐述自己的课程设计、教学过程、教学效果以及课后反思等问题及其理论依据，是在交流过程中实现教师专业发展的一种教研活动。该种说课最为常用。单元说课，教师主要是对某一单元进行讲解，主要从新课标总体要求、教材的整体结构、单元构成和单元学习任务等进行说课，旨在讲清楚单元在教材中的地位和作用，从整体把握单元的教学思路。章节说课是指对某一章节的设计思路及其理论依据进行解说。这三种说课的流程和组成部分相同，区别在于把握说课内容所涉及的范围。

4. 按教学业务评比不同划分

课堂教学是提高教师业务能力的主战场，教师教学水平的高低直接影响教师队伍建设。教学评比作为检验教师能力和水平的重要方法，深受学校欢迎。评比方式多为教学片段设计、教学展示和教案设计等。但是随着说课形式的进一步推进，越来越多的学校采用此种方式进行评比。在简短的时间内，教师可以说清楚自己的课堂教学内容、思路、教学理论等。所以，这类说课可以分为评比型和非评比型说课。

5. 按教学研究的不同划分

根据聋校语文教师工作内容多样性特点，教师在众多的教学内容中选取专题、重点问题或热点问题，在进行深入研究、探索的基础上，用说课的方式向领导和老师汇报自己研究情况。这样可以将教学、管理和科研融为一体，这样的说课称作专题研究型说课。而与平时工作相对的展示性说课，被称为示范型说课。这种说课会选择名师、优秀教师、教学骨干等，在充分准备之后进行说课，目的是为教师树立榜样和示范作用，使听课教师从说课者的叙述中吸收精华。这种说课有市级、区县级和校级之分（蔡慧琴，2008）。

（四）说课的内容

教师说课是教学改革中涌现出来的教学和教研活动，是进行教学交流与研究的一种形式。它源于基层，是具有中国特色的、原创性的教学活动（孙红艳，李志刚，2022）。说课的基本内容有"四说"，即说教材、说教法、说学法、说教学程序设计。在我国教育教学改革发展的有力推动下，越来越多的教育专家和同行重视说课。他们认为以前的"四说"不足以将整个教育教学说清楚，后来出现了"五说""六说""七说"等不同提法。不论如何划分，说课大体包括说教材、说学情、说教学目标、说教法学法、说教学过程、说设计理念、说板书设计和说教学反思等内容。教育理念是外延极其宽泛并能反映教育活动共性的一个上位概念，常说的教育思想、教育观点、教育主张、教育信念、教育理想等，都属于教育理念。我们当前常提及的理念，如以人为本、学生为主、全面发展、核心素养、课堂生成、开放多元等，是教师教学设计的依据，应该贯穿在说课的各个环节。

1. 说教材

说教材是指将选用的教材、知识点和技能、教育思想等如何渗透在教学活动中及其理论依据阐述清楚。这就要求教师站位高远，在把握课标、解析规律和理解学生的基础上，查阅所选教材，熟悉教材的体系和结构，将教材内容融入自己的教学设计中。对教材的整体把握和理解是解读内容的重要环节，也是对应课标的重要步骤，这样教师的课堂教育质量才能提高。

说教材示例：

三　峡

《三峡》这篇课文出自人教版初中《语文》八年级上册六单元，该单元所选篇目皆为歌咏自然山水的优美诗文。作为该单元的第一篇课文，《三峡》在激发学生的学习兴趣、丰富积累、陶冶性情方面具有一定的范本意义。此外，《三峡》是一篇经典写景文章，结构精巧，写景生动，用词准确，恰当运用对偶、夸张、引用等修辞手法，通过对比烘托、动静结合、情景交融等写作手法，为我们展现了三峡四时山水壮丽、秀雅、凄婉的不同美景。学生需要通过对本课的学习，学会通过修辞、写作手法等角度赏析写景诗文的方法。

评析：这则说课从教材系统结构以及单元思想感情入手，主要说明了《三峡》课文的出处、本单元的位置和作用、课文的体裁等，通过本篇课文的学习，学生要掌握的写作手法和思想感情。

知道了课文在教材中的地位和作用，还要分析课文本身能给学生带来什么，这就是教学目标的阐述。教学目标的设定是建立在对课标的准确解读、教材的全面分析、学生学情分析的基础之上的，一般按照说课模板进行教学目标的设计（何雯雯，2017）。说课是一项科学活动，板块间应有严密的逻辑联系，因此"模板下"的说课目标空泛不具体、不够科学。目标越明确、越具体，说明教师对课文的理解越充分、越深入。聋校语文教学对培养聋生的人文素养、发展其语言能力和思维能力非常重要。而且，教师要考虑到学生的个别差异性，根据学生具体情况进行目标的设计。

说教育康复目标示例：《图式化让聋生作文会"说话"》（付心如，2019）

本篇课文从聋生的书面语表达实际需求出发，确定本节习作指导课的目标。

目标1：了解对话描写呈现的形式，能根据需求灵活变换说的位置。

目标2：能通过添加神态或动作来展现说话人的思想性格和情感。

目标3：通过聋生的习作兴趣提高写作能力。

教师既要对学生教育作出整体安排，通盘考虑，对系统进行说明，同时又要突出说明课程的教学重点、教学难点及其确定依据。重点不能多、杂，一般考虑向学生传授的主要知识、对学生掌握基本技能起基础作用的内容。教学重点的确定依据主要是课程标准所确定的课程教学目标与教学内容。教学难点受知识水平和教学内容复杂性制约，学生不可能自己理解或理解有困难的内容（张旭升，2010）。教学难点不是根据教师的一己想象确定的，教师可通过指导学生预习，发现学生学习的难点；也可以根据课程教学目标要求与学生基础之间的差异确定。教师教授的内容理论知识本身如果很抽象，聋生很难理解。如果知识复杂程度较高，新的知识点多且集中，不利于学生的掌握。如果学生对旧知识掌握不牢固，也会让学生在学习新课时感觉困难。所以，这些都可以成为教师预设的教学难点（丁步温，2014）。这些难点如何解决，给出几个建议：一是针对理论性较强的难点，可通过指导学生课前预习，课中选择适合聋生的直观手段增加感性认识加以解决。二是对于知识内容多且集中的难点，教师可将难点分解，逐个解决。

2. 说学情

对学情的细致分析，是教师设置教学目标、确定教学重点难点、教学环节、教学活动的关键。只有建立在学生学情基础上的教学设计，才能真正体现学生的主体地位。但是一些教师只凭借以往教学经验获取学生学情，稍显随意。教师要重视学生学习情况，应通过更为科学有效的方式了解真实情况。学情可从听力损失程度、语言发展情况、学习习惯和态度、已有知识和技能、学习中可能出现的困难等几个方面分析，提出分层的缘由和具体的分层设计思路。

3. 说教法学法

说教法要说清楚教师所选的教学方法和教学手段以及采用这些手段时所用到的理论依据（蔡慧琴，2008）。由于说课时间所限，教师在选用教学方法时不宜过多，以2~3种为宜，解说在突出重点和突破难点时使用的教学方法。授之以鱼不如授之以渔，调动学生参与课堂的积极性、主动性，增强学生的思维能力和学习能力，这才是教师课堂教学的根本目标。所以，教师要阐述清楚，通过自己的教学方法和教学设计，学生如何学习，这就是要说到的"说学法"。在以学习者为中心已成为当今世界教学变革方向的背景下，教师在阐述学法时，可尝试说明自己对合作学习、角色扮演、小组研讨等教学策略的运用及缘由，体现教师对教育教学前沿问题的关注（贾孟喜，2019）。

4. 说教学过程

说教学过程是说课的重要环节，对此教师会花大量的时间。这个环节中，教师要说出教学设计的所有过程，但是要详略得当，而且还要让倾听者听到教学过程的理论依据。在这个过程中，不仅体现教师的教学思想、教学个性与风格，也可以检验教师设计的教学目标、教学重点难点和教学方法等使用是否得当、是否能够达到预期的效果，要注意：为了确保有效陈述，教师要清楚哪些内容该展开、哪些道理要说透，把握好重点内容的时间，每个环节之间的过渡衔接语也要考虑周到。在说课语言上要更为严谨准确、书面化。

说教学过程示例：《圆明园》（苏鸿，2013）

在教学描写圆明园辉煌的过去这一部分时，我准备从以下环节展开教学：首先要求学生默读课文三四自然段，整体感知圆明园辉煌的过去，然后请学生说一说圆明园中哪些景点打动了自己，接着通过多媒体课件让学生游览过去的圆明园，再让学生对着定格的画面说说自己心里的感受，最后让学生用读书的方式来表达自己的情感。

5. 说板书设计

板书是教学环节重点内容的体现，也是整体构思的最直观呈现，更是"教育窗口"。说板书设计，可以单独说，也可以在说教学过程时一并说。不同教学风格的教师会根据教学内容与自己的教学风格相结合，设计出不同类型的板书。板书分为主板书和副板书，在说课中，可以只呈现主板书。在说课中要把最后的完整内容呈现出来，这样可以让倾听者整体把握说课者的教学过程。此环节比较简单，用时较少。

说板书设计示例：《壶口瀑布》（见图6-1）

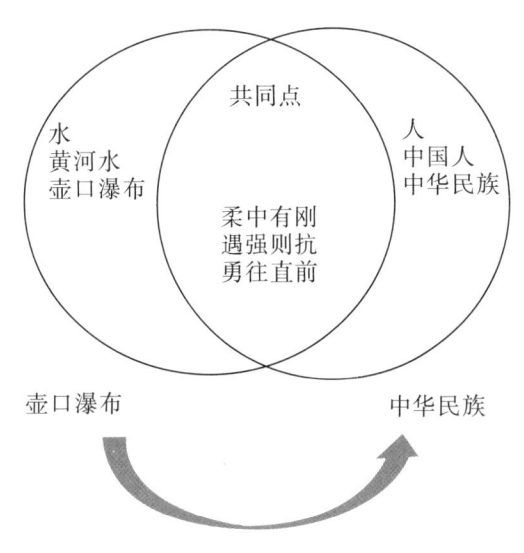

```
        共同点
   水            人
  黄河水         中国人
  壶口瀑布       中华民族
        柔中有刚
        遇强则抗
        勇往直前

  壶口瀑布  →  中华民族
```

图6-1 《壶口瀑布》的板书设计

《壶口瀑布》一文作者描绘了壶口瀑布的磅礴雄伟，以及黄河的柔中有刚、遇强则抗、勇往直前的性格。通过景联想到人的经历和中华民族的艰难历程，通过描写黄河赞美了中华民族百折不挠的伟大精神，这也是本课的重点。用一个图示能很好地让聋生与文本深度对话，去化解难点。

6. 说教学反思

很多老师在说课的时候容易将主要精力集中在文本解读和教学流程方面，而忽视说教学反思。一个好的教学反思会起到画龙点睛的效果（焦旭召，李利华，2021）。教师在反思环节中，不仅可以展示教学设计的亮点，还可以说在教学环节中出现的困惑和不足。在专家点评和同行讨论中，提出相应的改进策略，以促使自己的课堂教学不断精进和完善。说课的反思语言可以很唯美，予听者以美的感受。反思作为说课的最后一个环节，能起到深化和升华的作用。

说教学反思示例：《图式化让聋生作文会"说话"》（付心如，2019）

图式化教学法适合聋生的学习特点，能有效促进聋生的习作教学，首先提高习作教学的趣味性。习作课一直是聋校语文教学的一大难点，聋生觉得很枯燥，老师也觉得不好教。通过图、箭头、颜色等能够将很抽象的内容转化为图画，趣味性很强。发挥聋生视觉学习的优势，将远远大于单纯的文字产生的效果。图式化有空间性，可操作性强，能降低语言理解上的难度，有利于教师将零散的知识点结构化和模块化，让知识点之间内在的联系、思维的过程都清晰呈现。

（五）说课的基本要求

说课和其他教学活动一样，要遵循相应的要求。

1. 说理精辟，突出理论性

人本主义主要研究自我概念的变化，认为学习是个人参与的行为，需要设计恰当的教学活动，使学习者完全投入学习活动中。真正有意义的学习，要求学习者的发现、获得、掌握和领会的感觉源自自身内部，是自我发生的行为。说课对于教师来说，就是一种自我参与的研究。在说课时要弄清楚"教什么""怎么教"和"为什么这样教"，真正使教学做到有理有据。

2. 分析透彻，遵循科学性

要将说课看作是一个整体的系统进行设计。说课设计教师要充分分析教学设计系统各要素对教学产生的影响（方贤忠，2008）。这就要求教师能够正确、透彻地分析教材，研究听障学生的特点和学习能力，确定合理的目标，运用适宜的教学方法，体现说课的科学性。

3. 客观再现，具有可操作性

说课是为了教学，为了将"教案"付诸实践。不少教师认为，说课是具有科学性的，所以，要大量引用教学理论。但理论是基础，是为实践提供依据的。只有理论，没有实践，那是一种脱节现象。所谓缺乏"据"的"理"，在说课活动中不能凸显指导意义。所以，说课也要求理实一体化，在遵循教学规律的同时，从学生的实际出发，从教材内容出发，使教学设计具有操作性。

4. 不拘形式，富有创新性

现代社会不仅要求教师"学高"和"身正"，更要求教师"技精"，还要"研深"。聋校语文教师在进行说课活动时，一定要注意说课活动的创新性。不仅要体现出一线教师教学水平，还要凸显研究意识。说课不能千篇一律，要根据教学内容、教学风格变换说课的形式和方法。教师在说课中可以展现自己的教风，也可以总结教学中问题的处理智慧。

（六）说课的技巧

1. 把握课改，精准定位

只有充分了解新课改的内涵与外延，才能坚持新课改的指导作用，才能使说课与新课改不脱离。因此，要主动学习课改要求、提高语文教师相关专业技能，听取同行意见，精准定位课堂要求。

2. 详略得当，突出重点

说课要体现基本内容，做到重点突出、详略得当。明确分析并确定课程以及每堂课的教学重点难点是十分必要的，这关乎学生的接受能力、输入输出的质量。教师通过说课是为了有效解决教学过程中的疑难问题，实质性提高教学质量。所以，教师说课时，不能"面面俱到"，要突出重点。说课时间是有限制的，"说主不说次""说大不说小"。

3. 紧凑连贯，逻辑严密

说课作为一种一对多或多对多的信息传播方式，要符合聋生的实际情况，并选择恰当的教学方法和媒介，让学习者理解和接受教学信息。但是在信息传播的过程中，说课要遵循流程，正确处理环节之间的关系，互相不能脱节。整个说课内容要求前后连贯，逻辑严密，且每个环节之间过渡要自然。

4. 充满自信，仪表端庄

教师的仪表是教师礼仪的一种体现（钱建学，2016）。说课作为一种教研活动，虽然不直接面对学生，但自己说课的身份仍然是教师，在仪表仪态上应体现教师礼仪。说课时，要充满自信，仪表端庄，把说课当作展现自己教学综合能力的平台来对待，力求做到最好。教师尊严不能丢（付心知，2019），特别是在集体说课或说课评价时，同行之间是讨论，而不是批判，说课的教师不能一味地"迁就"所有倾听者，而失去自己的见解。

5. 展示特色，体现优势

说课环节应该努力说明本课程自开设以来，任课教师及课程组在教育教学方面的探索与创新，在更新教育理念、凝练教学内容、革新教学方法等方面形成的课程自身独有的特色（寇楠，2020）。课程实践教学注重综合性、设计性与创新性，充分融入了学科学术研究的优质资源等，都可以作为教学特色进行说课。同时，还要根据自己的优势和教风，设计出有特色、体现自身风格的说课。

（七）说课的误区

说课不同于教案、发言稿和课堂教学。所以，在说课时要避免以下几个误区：

第一，说课＝讲课。从对象上看，说课的对象是专家、本课程的有关同行教师、部分学生、教研人员等；而课堂教学的对象无疑是教学活动本身。把两者混淆，这是很多教师在刚刚学习说课时易犯的毛病。从形式上看，说课可以总结成一说、二问、三研讨（陈兰英，2022）。一说是说课者依据事先准备的说课稿向评审专家和相关人员就本课程进行说课，二问是说课人现场回答评审专家就说课内容提出的相关问题，三研讨是专家与说课人和同行教师等就本门课程的建设、改革等内容展开交流、讨论，这与讲课的流程完全不同。

第二，说课=复述教案。由于对说课内容的不熟悉或不重视，出现说课念PPT、背教案的现象。教案是详细的，而说课的教学过程部分不应该像教案一样说得过于详细，要详略得当。同时，教案中的设计意图和说课中的理论依据也有不同。

第三，说课过程不用任何辅助手段。大部分教师说课会使用PPT，但是根据课程内容不同，还需要不同的辅助工具才能说清楚。尤其是操作性强的课程，有时说再多，也不一定说得清楚，而借助辅助工具演示，会得到意想不到的效果。

第四，照搬形式。说课的流程相对固定，但形式可以多样化，要根据教师的授课内容和风格进行说课，灵活自然，不拘一格。

二、听课

（一）"教学活动"视角下听课

听课是当老师的开始，是老师走上讲台的基石。全国著名特级教师于漪曾经说过，"'我的特级教师'是听出来的"（余文森，2008）。苏霍姆林斯基认为，听课和分析课——这是校长最重要的工作。不论是教师还是学校管理人员，如果不走进课堂听课，不去真正接触老师和学生，其他工作都毫无意义。所以，听课成为一名教师成长的关键环节。

1. 听课的定义

听课，又叫"课堂观摩""看课"和"观课"。听课，是学校常规教研活动的重要抓手，是校行政领导、教研员、教师等为了了解师生的课堂教学活动、交流教学经验和研究教学等的重要手段（蔡慧琴，2008），更是校本研修的重要平台，是提升教师专业水平的重要方式（龚俊波，2022）。教师不能闭门造车，要通过观摩其他教师的课，学习总结并得到启发。

2. 听课的目的

听课是一种目的性很强的教研活动，是教师自我成长的有效途径。特级教师窦桂梅在《激情与思想：我一生的追求》中写道，她几年来听课记录了10余万字，听了校内外1000多节课（林高明，2006）。从听课中，教师可以向实践学习，向名师学习，促进专业成长。教师通过听课，可观察和学习其他教师的教育素养、提问方式和课堂教学常规等。利用听课，教师可以提高课堂教学质量。通过听课，教师可以观察到课堂中发生了什么，更重要的是可以从中创造与每一个学生的心灵相通的方法，并将这种思考回归日常、回归生活（余文森，2008）。

3. 听课的类型

（1）检查型听课

这种听课是最常见的一种类型，是一节不预先通知的"推门课"。通过这种听课，领导和督学对教师的教学能力、学生的学习效果和课堂表现进行检查。听的不一定是一整节课，听课后也不一定要进行交流。

（2）指导型听课

这种听课主要是对新教师或教学能力较弱的教师进行帮助。通过听课，找到教师自身和课堂教学中的不足，提出有建设性的意见和建议。在教师参加竞赛之前，为了帮助教师做得更好，将一些教师汇集在一起进行听课，提出改进的意见并不断打磨。这种听课，要及时交换意见并反复多次。

（3）实验型听课

实验型听课主要是由于教学加了一些新方法、新模式，要对使用创新之后的效果进行检验和借鉴，通常是为了教改的目标或科研课题而进行。此类型的听课要带着问题思考，善于发现问题，课后及时讨论反馈。

（4）学习型听课

这种听课主要是进行"学艺"，学习教师在教学过程中的方法、对重难点的突破、教学参与度等。教师会找一些有经验的教师听公开课，也可能是听某些高级别比赛中获奖的课，或者是去某些学校听经过多次打磨的公开课。听课的教师要虚心学习，认真做好听课记录。

（5）评比型听课

评比型听课主要是以推优为目的，听课者也按照一定的赛课评分要求，秉持客观、公正的评判标准来听课。这种听课不局限于本校教师听课，有可能是本行业的专家和权威人士等来听课。这种听课类似于评课，在学校中会定期组织。

4. 听课的要求

俗话说，留心处处皆学问。听课容易，听出门道难。对于教师来说，只有认真准备，才能在听课中有收获。听课要有心，面对所听的课程内容，如果自己上，会怎么做呢？设计的目标是什么呢？在心里多问几个"是什么"和"为什么"，要带着思考走进课堂。

（1）明确听课目的和要求

听课者在进入课堂之前，应明确听课的目的、计划和要求，对所要研究的问题和需要解决的问题，做到心中有数。听课教师应对所教的内容在头脑中设计出初步的方案，勾勒出教学的框架。这样在教学过程中就有更多的时间，站在更高的层面上理性分析，从而发现执教教师上课的艺术（汤洁，2020）。理不辩不清，道不理不明，听课中也突出一个辩字。听课的过程也是教师间智慧碰撞、相互争辩的过程，听课教师由于受自身知识水平、工作经历等因素的影响，对课程标准的理解深度、解读程度等并不相同。在听课过程中要激发出思维的火花，听课教师要善于总结提炼形成教学经验，进行推广（龚俊波，2022）。在听课过程中，还要尊重授课教师，提前进入教室，不迟到、不接打电话，不做与听课无关的事等，以免影响课堂教学秩序，干扰师生正常的上课。

（2）关注师生的情况

要了解教学方法、重难点和对学生的关注。在教学方法的使用中，要以学生为中心。教学环节当中教学方法的使用要随机应变，灵活调整，而不是千篇一律。同样在听课的过程当中，要带着这些问题来进行听课——教师使用的教学方法是否适合本节课内容，是否符合聋生的特点。在听课的过程当中，还要看教师能否灵活有效地运用学生已有的知识，尤其面对的是听障学生，要通过多种教学方法，用直观的形式化难为简，突破难点，突出重点。所以在听课时，针对教学的重难点，教师是怎么突破的，是听课教师需要重点关注的问题（邱启伟，王宁，2020）。

（3）听、看、记、思有机结合

听：一听教师的教学理念、方法和要求，二听教学重点难点，三听教师语言表达，四听错误，五听创新的地方。看：一看教师的主导作用，二看学生主体作用，三看课堂气氛。记：一记教学实录，二记教学评点。思：一思教师教材处理的原因，二思课程成功之处，三思课堂教学不足，四思课改理念及方法，五思课堂问题处理和班级管理。最后，还要换位思考，如果自己是学生，是否理解了教师讲解的内容。

（二）"科学研究"视角下的听课

听课的素养既是教师教学技能之一，也是教学研究最重要的手段。听课活动是教师最熟悉和最经常的日常工作，也是教研活动的主要项目。但是随着课堂教学改革和教师教育的研究水平不断提高，课堂观摩已经不是听课的唯一视角，还需要通过听课进行科学研究。所以，这里从"科学研究"的视野重新审视。

1. 听课的内涵

"科学研究"视角下的听课又名"课堂观察"。这种方式是研究者或观察者带着明确的目的，凭借自身感官（耳、眼等）及有关辅助工具（观察表、录音录像设备），直接或间接地从课堂情境中收集资料，并依据资料做相应研究的一种教育科学研究方法（苏鸿，2013）。美国社会学家韦伯曾经说过，所有的社会研究都始于观察，并止于观察。在20世纪五六十年代，自然科学量化思想就引入课堂师生互动的观察中（崔允漷，2007）。所以，在课堂中用听课的方式，进行课堂观察已经不是一种新的理念，而是一种始终在探索的事情。课堂观察是一种有计划、有系统的活动，从问题的提出、研究框架的生成、研究数据的收集，一直到研究数据的分析和解释，是一个工作程序。同时，课堂观察注重数据的客观性，而不是主观性的判断。而且课堂观察的数据量很大，需要团队合作完成。

2. 听课的作用

"科学研究"视角下的听课，有四种作用。第一，借助课堂观察，检验教师发展的理念。国外有大量的数据在探讨课堂观察对教师专业发展的重要作用。维克斯曼指出，课堂观察有统整理论与实际的功能，增进教学的自我知觉。埃菲尔以及格林认为，观察是一种研究和决定的过程，他描述的是教学的现实，有一定的意义和脉络化。第二，借助课堂观察，检验教师发展的理念。第三，课堂观察可以帮助教师诊断教学行为（苏鸿，2013）。课堂观察中的观察对象和观察目标是明确且集中的，听课当中的数据观察是有一定理论框架和深度诠释的，有助于帮助教师对课堂的教学进行深度的诊断。第四，课堂观察与校本教学研究相关。课堂观察可以推动学校教研方式的改革以及教研内容的创新。这种课堂观察给教学研究以及教学现象一种实质性、针对性的研究效果，真正地来解决校本问题。

3. 听课的类型

课堂类型根据视角不同、依据标准不同进行多元化分类。第一，课堂观察根据观察者是否直接接触和参与被观察者所从事的活动，分为参与性观察和非参与性观察。第二，根据观察实施的方式不同，分为结构式观察和非结构式观察（张天乐，2007）。第三，根据观察资料本身的特点和属性，有定量观察和定性观察。第四，根据观察者之间的合作关系以及观察的人数，分为团队观察和独立观察。第五，根据观察的作用不同，可分为诊断性观察和提炼性观察。

4. 听课的基本原则

"科学研究"视角下的听课，是教师日常工作中的一项重要活动，它有着专业的意义，所以在观察中也应该遵循一些原则。

第一，观察应具有目的性。观察者观察的目的是要明确研究的重点和方式以及研究标准。最关键的是要在观察的活动之前明确主题，要聚焦教师专业发展的问题以及教学中出现的问题（苏鸿，2013）。

第二，观察要有客观性。观察不应该只收集证明自己研究假设正确的观察材料，应从实际出发，不扭曲事实。

第三，观察要有自觉性。观察者应自觉认识到背后的理论指导。同一个理论现象根据个人的认识理论背景等不同，观察出的结果往往不同，所以在观察之前就要明确观察的理论支撑。

5. 听课的流程

课堂观察是一个系统的活动，所以在观察的过程当中要根据一定的流程。首先，要明确观察的目的。不同的观察目的选用的观察框架、观察数据的收集、观察的重点都是不同的。所以在课堂观察之前要明确目的和目标，避免在课堂观察时出现随意性。其次，进行文献整理。课堂观察背后有深刻的理论做支持，所以教师在围绕观察主题进行观察时，要进行文献收集，专家访谈等。再次，设计观察的框架和计划。观察的框架与观察的主题相关，可以分成不同的维度。在观察的框架之下，可以进行计划的撰写，包括观察的对象、观察的时间内容等。最后，观察的资料整理与分析。观察当中隐含的重要信息是通过观察数据的分析和整理提炼出来的，所以教师在观察之后要对所得到的数据进行深度分析。

三、评课

刘坚教授谈到要倡导和建立新的评课文化,需要课程重建和教研文化重组。评课不简单是评价和研讨,更是一种文化,要适应课程改革的需要,要注重实效、实事求是。既要把教师教学的优点说够,又要把问题说透,倡导教师之间的学术对话(余文森,2005)。

(一)评课的定义

评课,指听课教师针对授课教师所授课堂的教学目标、教学内容、师生双方所进行的双边活动以及所产生的课堂效果进行科学、准确的分析与评价。评课是教师综合能力的一种,对所听课程应该客观、公正地进行评价(苏鸿,2013)。

(二)评课的目的

评课是根据教学目标和评价标准对一节课中的教学活动和效果进行评价,不仅是教学评价体系的重要组成,也是推进课堂教学改革、促进教师专业发展的重要途径。

1. 促进教、学、评一体化

这里说的教学评价与考试评价、测验评价不同,更多的是表现性评价,它可以驱动重新链接评价与课堂的积极影响,促进教学。表现性评价可以支持系统的改革,从而改变教学课程与学生的学习。教学评价可以优化教学的途径、教学的策略,提高课堂教学质量,促进"教—学—评"一体化建设。

2. 激发学生学习的潜能

教学的目的是促使学生有效地学习,要阐明学生期望达到的学习效果是什么。所以作为教师要有清晰的教学评价。教学目标作为课堂教学的根本,可以让学生在目标的驱使下达到预期的学习结果。一个好的教学评价能为学生提供促进学习的反馈信息。学生根据评价结果不断来调整和完善自己,从而促进学业的进步和成长。

3. 促进教学条件的改善

教学与评价是一个整体,它们之间相互制约、相互影响。学生可以参与课堂评价,对教学中的师生关系、环境设备、教学器材、教辅资料等表达自己的意见。因此,评价能反馈当前教学现状,促使相关单位、领导、教师和家长等不断改进和完善教学,这种评价有利于学生的发展。

(三)评课的功能

1. 鉴别功能

根据教育目的和教学评价标准,可以对学校的教学活动进行效果、价值的判断。具体到一节课，评课可以了解授课教师的教学能力和不足，反映教学中的优缺点。所以，评课是推进课堂教学改革的重要举措，也是教师专业成长的重要途径。

2. 激励功能

评课有激发教师教学动机的作用。教学是一种艺术，评价也是一种艺术。在语文教学当中，语文教师就如同爬坡人，对处于下坡的人要点评其优点，扬起上坡的信念；对处于中坡的人要全面评估，既要看到教师的自律，也要激励其勇往直前；对于爬上坡的人可能要找到他的一些问题，鞭策他向更高的山峰攀爬。所以在评课的过程当中，既要根据教师本身的情况、教学的要求，也要根据学生的特点进行有的放矢的点评，而不能千篇一律（蔡慧琴，2008）。

3. 交流功能

以评促教，以评促改，是评课活动的重要目的。教师通过评课可以进行有效的交流。由此，要更加严格要求自己教学的质量观，进一步反思自己以往的教学不足，思考问题出在哪里。通过这样的评课，教师的专业水平和能力也有提高（吴维平，2010）。

（四）评课的类型

评课一般有六种类型。第一种，教学研究型评课。这种评课主要是在教研专家的指导下，运用批判性的思维来看待课堂教学，立足于发展。第二种，优质示范型评课。这类评课主要是在教育部门的组织下，以选拔为目的或者是指定教师在一定范围内进行公开课的展示。第三种，等级评比型的评课。此类评课主要是按照一定的评价量以及评分标准和权重来对课堂教学各个方面进行评价，根据评价的结果列出等级，评出优良中差等。第四种，组内互助型评课。该类评课主要是同一教研组的老师相互之间评课，是教研活动中最常使用的评课形式，评课气氛比较自由（苏鸿，2013）。第五种，督促检查型评课。此类评课主要是学校领导或者是教研人员深入课堂内部进行推门听课评课，主要是为了掌握各科教学的情况，发现教学当中的不足。第六种，群体展示型评课。此类评课主要是在校庆或者家长开放日上学校安排的，是向社会展示本校教学水平的一种评课。这类评课类型比较自由，很灵活。

（五）评课的内容

传统意义上的教学评价主要是行政管理和控制性的评价，目的是对教师进行考核和分等级。主要是单维度的评价教师，以他评为主，自上而下用统一的量表来评价。而现代的评价主要是发展型的教学评价，是一种教育性评价，可以促进教师的发展。这种评价是多维度的，教师是教育者，同时也是评价者；学生是学习者，同时也是被评价者。

1. 评教师的教

现代意义上的发展性评价贯穿在整个教学过程中，首先是对教学目标的评价，也就是说教师在制定目标之前就要了解学情，掌握学生要学的内容及程度，根据学生的特点来进行教学设计。教师对教材的使用、教学方法的运用以及教学活动的设计都要有利于学生的学习和发展。

2. 评学生的学

以学论教强调的是以学生在课堂中学习所呈现出来的状态为参考来进行教师课堂教学的质量评价。学生在课堂中的表现分为自主学习、同伴合作、行为参与、热情探究思考的过程等，通过了解学生来进行课堂教学的评价，通过学生的学来评价教师的教。以前教师唱主角的课在现在看来已经不再是一堂好课了，往往教师自己唱了主角，没有配角或者是配角太少，现在学生是主体，教师要围绕学生来进行教学。

实践中，也有研究者总结出"五看"评课法：一看老师的素质、态度、能力和方法；二看学生的学习状态、活动参与和自主发展情况；三看过程，是否科学有序、步骤是否完整、师生互动如何；四看理念，是否体现了以学生发展为本，是否注重潜能开发、教康整合等；五看结果，学生是否掌握了必备知识、语文能力的水平如何以及教学的可持续发展等。

（六）评课的原则

第一，实话实说原则。评课就是要实事求是，通过教师之间的评价与互相交流，教师的教学能力可以得到提升。不要只说优点而不说缺点，可提出善意的批评和改进建议。

第二，激励性原则。在评课的过程中，把教师在课堂中的优点提出来，对教师进行表扬，可以激励教师进一步的发展，在评课时对课堂上出现的缺点也要根据实际情况，有艺术、有组织、有逻辑地进行评论。这样就可避免被评价的教师积极性受挫。

第三，差异性原则。倡导课堂评价的多元化，首先在内容上要多维。评课时要衡量和关注学生在学习中的表现，促进学生的个性化发展。评课也要从不同的视角进行分析，比如说教育的视角、学科的视角、社会的视角等。也就是说一堂课，它的内容不同、教学设计不同，反映出来的理论背景不同，所以在评课的时候不要千篇一律地用同一种眼光来对不同的教师进行评价。评课的时候主体也要多元化，以前的评价都是专家、同行评价比较多，从多元评价的角度来说，家长、学生都可以成为评价的主体。

（七）评课的误区

关于评课，在实践中会存在一些误区：

第一，认为符合评课指标的课就是好课。有的教师评课，认为教学目标明确、提问精简、恰当渗透学法指导，这样，整堂课每一个环节都符合评课指标，但这不一定是一堂好课。有时我们要换一个角度去看，想想学生在这堂课当中学到了什么。有的教师讲的课是为了迎合评课人的口味、符合评课的硬性指标，但是从学生的角度来看，学生不一定学到了他想要的，也不一定符合学生的需要（余文森，2008）。崔允漷教授将好课的标准归纳为12个字——教得有效、学得愉快、考得满意（崔允漷，2007）。

第二，认为提问的数量决定课的好坏。有些教师认为提问越多，就是把课堂真正地还给学生，评价一堂课好坏的标准是看提问的多少（窦桂梅，2011）。其实提问的方法很多，要根据课程的内容和要求适宜地进行提问。对聋生，不仅要知道何时提问，还要知道适合他们的提问方式以及提问的语言。所以提问在课堂当中是一个必要的环节，但是数量不是判断好课的标准。而对教师问题的解答，学生只要认真思考，可以给出自己的答案，不能拘泥于唯一答案。有时，教师也可以通过对比，特地引导学生回答出另类的答案，从而加深学生对正确答案的理解和记忆。

第三，认为教师讲得少就是突出学生的主体地位。教师在教学当中是课堂的主导，在一定知识点中一定要精讲（顾志跃，2009），特别是一些抽象的词或者是句子，对聋生一定要用大量的举例或者是重复的练习将问题讲清楚。而对于一些探索性的知识或实操性的内容，则把时间还给学生。

第四，认为评课是最后的环节。其实在评课后教师应该对教学和自身的专业发展进行反思。而且评课的教师也要进行反思，不要只是计算自己听了多少节课，而要善于反思，甚至把反思写成日记。通过反思，任课老师和评课老师，都可以对教学过程进行很好的回顾，总结优点和成功经验，思考不足并解决问题。

第七章 语文教学思维塑造

第一节 跨学科意识

一、跨学科教学的重要性

聋生在义务教育阶段接受的是基础教育，该阶段的教育将影响其一生的发展。我们提倡全人教育，关注学生的整体发展。而全人教育需要教师具备跨学科的意识。2014年3月，教育部《关于全面深化课程改革落实立德树人根本任务的意见》明确提出，"要充分发挥学科间综合育人功能，开展跨学科教育教学活动，将相关学科的教育内容有机整合，提高学生综合分析问题、解决问题的能力"。可见，具备跨学科意识是教师开展跨学科教学和综合育人的前提，是新时代特殊教育学校教师素质的必然要求。因此，培养有跨学科教学能力的教师是师范院校人才培养的重要任务。

跨学科是学科之间的一种整合、融合与合作。在特殊教育学校，对从事聋教育的教师而言，跨学科意识具体指能为促进聋生全面发展而贯通多个学科间的联系，教学中体现对多个学科知识的统整性、融合性和创新性，包括知识的整合、问题的解决、学习的指导、活动的设计以及评价等。聋校语文教师有了跨学科的意识，才能更好地帮助聋生认知世界、探索世界，促进聋生的整体发展。

二、教师跨学科意识的培养策略

聋校语文教师的跨学科意识需要教师首先具有跨学科的思维。跨学科的思维能力需要教师有比较丰富的知识积累，能敏锐地发现问题、分析问题和解决问题，有整合不同学科知识的能力。

（一）树立跨学科的意识

跨学科意识的培养是一个过程，需要建立意识、强化意识和不断采取行动。思想意识是行动的先导，能指挥教师的系列教学行为。教师跨学科教学行为的落实需要教师具备跨学科的意识，并不断强化。跨学科意识的形成，需要教师首先认识到跨学科教学的重要性。理解当前聋生核心素养的发展需要全学科教学合力，跨学科教学是聋生适应新时代社会发展的必需；同时，也要认识到跨学科教学能力是自身专业发展的需要。另外，学校要组织相应活动展示教师，让教师体会到从事特殊教育的尊严与价值，提升职业幸福感。当教师能感受到自己对聋生、对家庭的贡献时，他们会感到欣喜与自信，会发自内心地思考如何更好地担当育人重任、使聋生得到更全面的发展，从而主动培养自身的跨学科意识。总之，从认识上激发教师的内在意愿，促使教师愿意在自我专业发展、学生成才等方面发力。

（二）组织教学研讨和培训

教师跨学科教学能力的形成，需要学校及相关部门组织教师学习、培训并加强指导。比如，通过邀请专家进校讲座，召开主题研讨；优秀教师结对新教师，手把手指导新教师；新教师要虚心向专家、指导老师请教。另外，组织学校教师形成教学研究团队、学校与学校之间开展教学交流等，共同探讨和实践跨学科教学，逐步习得跨学科教学的思维和经验。同时，教师要加强与同行间的沟通交流，通过网络会议、教学交流群等，探讨问题，互相协助，在集体互动学习中借鉴获得新的思维方式，从而提高教师整体的跨学科教学能力。

（三）跨学科教学的落实

跨学科教学能力的培养要落实到行动实践上。聋校语文教师应超越语文学科的界限，培养自己积极行动的实践能力，将多学科专业知识互相联系、互相交叉、互为融通，跳出语文学科的特定领域，以优化自身的专业知识结构与能力。如，在聋校《语文》一年级下册《东南西北》的课文中，"早晨起来，面向太阳。前面是东，后面是西。左面是北，右面是南"，利用聋生所熟悉的生活场景，引导聋生记住太阳升起方位是东，进而找到西、南、北的方位。教师要能综合语文学科知识、地理常识等，让聋生判断方位。又如，在《曹冲称象》一课中，当讲到"用船称象"和"船舷划线"等词句时，老师可以提前准备教具，设计一个科学小实验，让聋生亲手实验，感受水的浮力和等量替换的关系，从而更形象地理解曹冲称象的原理。这里就融合了语文、数学、科学常识等学科知识。这正是美国教育家杜威所提的"在做中学，在学中做"教育思想的体现。

（四）促进思维的无界发展

跨学科教学能力的培养，不仅与教师的知识、技能有关，更与其教育思想、情感投入、人生态度和价值观等相关。古人云"读万卷书，行万里路"，这说明人生经验和阅历与知识学习同等重要。一般来说，一个人阅历越丰富，他看待问题、分析事物就越多维度，能从宏观、中观、微观分别透视事件本身。所以，教师要主动丰富自己的知识体系和人生阅历。同时，自觉训练逻辑思维能力，让思维从一个领域跳向多领域，从同域思维逐步到异域思维最后迈向无界思维，促进思维不断发展。在打开的思维模式下，将人生阅历与跨学科教学结合起来，提高学科知识的整合、问题的解决、学习的指导和活动的设计等各方面的能力，高效开展教育教学活动，促进聋生的全面发展。

第二节　语文教学思维

从 2017 年秋期至今，聋校《语文》一至六年级使用的教科书，即教师常说的新教材，其他年级仍然沿用实验教材或选用普校教材。新教材的使用，为我国聋教育界的语文课程改革注入了新的活力，也为语文教学革新提供了契机。

然而，在推进课程改革的过程中，一线特校教师所固有的传统教学思维方式难以及时更新，成为课程改革与发展的瓶颈。我们通过文献梳理发现，部分聋校语文教师仍保持着自己原有的教学模式和习惯。教学思维方式固化严重制约了聋校语文教学质量。因此，在新教材全面推行的今天，我们应顺势转变固有的教学思维，跟上课程标准、新教材编写的理念。

一、语文教学思维的内涵

"教学思维"，即教师对教学的看法以及对教学行为的选择。具体而言，教学思维指教师在长期的教学活动中逐步形成的对教学过程或活动的认识和看法，通常以一种隐性或潜在的方式存在于教师的认知系统，可以体现为教学思想、教学方法、教学经验和教学智慧等内容，直接影响和支配着教学实践行为（蒋茵，2011）。也就是说，在教学中，教学思维以一种抽象的形式存在，但它决定了教师如何思考和处理教学问题。因此，教师在制订教学计划、拟订教学目标、选择教学方法、设计教学流程时，都可反映其教学思维。

从教学思维的内涵中，可得知教学思维主要包括教学观念、教学知识储备、教学思维活动与过程三个构成要素。结合聋校语文教学实际，我们可以对其三个要素进行解释。教学观念是聋校教师对语文教学的看法及对语文价值的评判。教学观念是语文教学思维的基础，决定了聋校语文教师的教学思维。教学知识不单指语文课程的知识，还包括各种与语文教学相关的跨学科领域的知识体系。教学知识是教师教学思维的内容，教师只有真正理解和内化了与语文教学相关的概念及信息后，才能自觉地加强自身的知识储备、提高专业水平。教学思维活动与过程是教师处理教学信息、教学问题时一贯运用的思维过程和理路。教学思维活动与过程包括教学思维操作的习惯、方式、方法和策略等，是教学思维的动态运转过程。可以说，积极的良好的教学思维是语文课堂教学质量的保障，更是聋校语文教学改革成功的助推器。

二、语文教学思维的生成

执教多年的教师积累了一定的教学经验，经过时间积淀而成，在聋校语文教学中曾发挥过显著作用。但随着时间的推移，学生情况变化很大，曾经的教学经验在新课程改革中暴露出很多问题。对于1995年版的聋校语文实验教材，教师经过多轮次的语文教学，对课文内容可谓滚瓜烂熟。但部分教师僵化的教学思维则将聋生窄化为语文知识的"接收器"，这显然已经跟不上知识经济时代课程改革的步伐。教师的理念必须更新，思维要不断塑造，努力生成能够促进学生发展的不竭动力。

（一）可视化思维

1. 可视化思维的定义

可视化思维是指运用一系列图示技术，把本来不可视的、内在的思维过程，如思考方法、思路等呈现出来，使其变得清晰可见的一种形式。被可视化的"思维"更有利于理解和记忆，能有效提高人们信息加工及信息传递的效能。语文教学中的可视化思维，通常以图示、图形、图表（用形状和颜色展示）、思维导图等，呈现在纸张、黑板、显示屏上，文字和图形信息通常是混合使用的。

2. 可视化思维的运用

聋生在听力方面存在一定障碍，对语言的理解能力受限，不过他们对视觉图像的识别能力比较敏锐。在可视化思维导向下，可以将语文课本中繁多的文字信息转化为形象、具体的图像信息。因此，聋校语文教学中合理运用可视化思维，能发挥聋生的视觉优势，在一定程度上提升聋校语文教学的质量。

聋校《语文》五年级下册第12课《在牛肚子里旅行》，在青头帮助红头从牛肚子里脱险的教学过程中，我们可以设计"旅行路线图"。让聋生先读出青头的话中说到的牛吃食物特点的句子"躲过它的牙齿……重新送回嘴里"，了解反刍的过程。接着，默读第7~19自然段，勾画红头位置变化的词句，如"卷到嘴里""从第一个胃到第二个胃""从第二个胃回到牛嘴里""给喷了出来"，再引导聋生画出红头"在牛肚子里旅行"的路线图。在黑板上勾勒出牛嘴和四个胃的位置，让聋生在相应位置填入课文中表现红头位置的词句，并用箭头标注红头的旅行路线。

课文教学中可用以上介绍的"旅行路线图"，将课文的写作顺序、结构等用图示的形式进行梳理，课后再用图示来帮助聋生背诵、复述和总结单元知识。有教师在作文教学中运用思维导图的形式，将作文的提纲、思路拟出来，认为教学效果不错。总之，教师在自己的教学中，要有意识地运用可视化思维在，促进聋生知识学习的同时也发展其思维能力。

（二）创造性教学思维

在一部分聋校教师心中，有一个自认为合理的教学设计，能够顺利地实现既定教学目标，一旦出现意外，则认为是对原定教学流程的破坏。这种教师非常依赖于惯用的教学方法，在思想上不主动改变自己，使得语文教学枯燥、乏味，聋生在课堂上缺乏活力，没有语文学习的灵动和积极性。

教学的本质是生生不息、不断创生的成长历程。师生之间是新型的民主、平等的师生关系，双方积极互动、不断激活思维的火花，创造性的想法不断涌现，课堂成了思维流动、观点生成的过程，这一过程蕴藏着更多的成长与变化。按照创造性原则，教师在课堂上对教学方法的检验，不会只满足于展现聋生学习的结果和对这一结果的评价，而是试图去展现聋生解决问题的思维过程，包括过程中的难点、障碍及各种问题。

运用到语文教学中，老师不会局限于聋生对于某一问题的回答是否与预设的答案一致，而是关注聋生是在怎样的思考下得到这个答案的。教师应当对聋生创造性的看法有着包容的心态，在课堂中关注聋生全面发展的同时也尊重个别差异，以积极的、赏识的目光对待聋生创新性的回答。具有创造性语文教学思维的教师备课时对教学有一定预设，会根据自己的感受和理解来诠释文本，但在具体教学时，会结合课堂生成，激发聋生的创造性思维，鼓励聋生大胆表达，以欣赏的眼光对待聋生在学习、思考过程中迸发出的新观点、新想法。

因此，在聋校语文教学中，教师要树立创造性教学思维，针对聋生在课堂的具体表现，灵活使用教学方法，能根据课堂的实际情况，灵活变换原有思维的视角、方向，注意教学情境的特殊性，注重发挥聋生的主动性和创造性，灵活调整教学，使教学既顺应聋生的兴趣，又不偏离教学目标，将语文学习和聋生的生活结合起来，激发他们学习语文的热情。

（三）过程性教学思维

按照过程性思维，语文教学应当遵循教育的"节奏"。以聋校语文一节完整的阅读课来看，教学应当以教师手语示范朗读、谈话导入等生动、形象的方式吸引聋生的兴趣，使聋生在好奇中展开知识的学习。过程中，注意激发学生对课文内容的思考，把握课文内涵，形成与学习内容的共鸣。最后引导聋生将学习内容与自身实际结合，内化知识。

特殊教育是"慢"教育，因为聋生的认知水平不一，所以我们要静待花开。树立过程性教学思维，将特殊教育真正作为一种培养人的活动，以过程的形式存在，并以过程的方式展开，这是一种充满生机、朝气、活力的富有节奏性的生命的拔节。过程性教学思维意味着教师在课堂上对教学方法自觉检验，不会只满足于展现聋生学习的结果和对这一结果的评价，而是试图去展现聋生解决问题的思维过程，真正体现了对"人"的发展的关注。

第八章　语文学科教学启迪

第一节　微课教学

一、微课教学的定义

微课教学的英文为 Microteaching，在我国被译为"微型教学""微观教学""微格教学""小型教学"等，目前国内用得较多的是"微课教学"。微课教学是一种运用微课教学理论和现代化教育技术手段，来培训师范生和在职教师教学技能的一种方法。"微课"的关键词是"微"，核心内容是课堂教学视频或课例片段，包含与该教学相关的教学设计、课件、学习题单、评价反馈、教学反思等教学资源，是一个以主题来呈现的资源运用文件包。

二、微课教学的特点

（一）教学时间较短

教学视频是微课教学的核心组成部分。微课教学的时长一般为 5~8 分钟，相对于传统的一节课为 40~45 分钟的课堂来说，微课教学可称为"微型课例"或"教学片段"。

（二）教学内容较少

微课教学的内容比较集中，是为了突出某个知识点（如重点、难点），或反映课堂中某个教学环节教与学的教学活动。传统的一节 40 分钟左右的课要完成的教学内容比较多，而微课教学的内容比较精简，因此也被称为"微课堂"。

（三）容量相对较小

从内存大小方面来说，微课教学视频及配套资源包的容量一般为几十兆字节。视频课例的格式要能支持网络在线播放，需要保持流畅，可供师生在线观摩、评课和教研，也可将其下载保存到移动终端设备（电脑、手机）上实现在线学习、移动学习等，非常便捷。

（四）主题突出，内容具体

微课教学一般主题明确、内容相对完整。它以教学微视频为主线"统整"教学设计、教学时用到的多媒体素材和课件、教学反思、学生的反馈意见及学科专家点评等相关教学资源，构成了一个"主题单元资源包"。

（五）成果多样，易于共享

微课的内容具体、主题突出，易于表达、研究成果容易转化。因为课程容量微小、用时简短，所以微课的传播形式多样，可以将微课视频上传到网络，也可以发送到移动终端。

三、微课教学的应用

微课教学目前在师范生试讲试教、师范技能比赛、教师资格证考试的面试、学校教师公招等场合运用较多。通常要求授课者根据教学设计及课件设计内容，选取教学知识点进行片段教学。微课教学过程强调突出新课程理念、核心素养，展示驾驭课堂教学的能力。在模拟课教学过程中，教师要相机进行指导。模拟课教学结束后，师生一起对视频进行研讨、修改，再次录制微视频，通过反复打磨和总结，进一步明确聋校语文该怎么教的道理。该训练方法给师范生提供学了就用的机会，强化了师范生的实践意识，让其在实践中感受到语文教学理论有用，而且自己能用、会用，由此而生的成就感反过来会更加激发起他们学习这门课程的动机与兴趣，形成"学习—应用—再学习"的良性循环。

第二节 反思性教学

反思性教学在我国由来已久。《学记》中就提出：教，然后知不足；学，然后知困；知不足，然后能自反也；知困，然后能自强也。著名心理学家林崇德也提出教师专业成长的公式：优秀教师＝教学过程＋反思。作为聋校语文教师，多数是具有较强的事业心和使命感的，能自觉提升专业技能。专业成长的最佳门径一般是从教学反思开始。有专家说，一个教师一辈子只备课上课，永远是一个教书匠；而一辈子不仅备课上课，还经常反思的老师，有可能成为教学专家（陈延军，2016）。没有自觉的反思行为，等同于步入拉磨式循环的成长道路，这很难跟上新课改的步伐，难以满足新时代学生的学习需求。因此，在全面提高教育质量的时代，迫切需要教师主动成长为学者型、研究型的教师。

一、观念上：以"生"为本，以"本"为依

教师的教学反思看似是语文教师的自我反思，实际是与学生紧密相关的。教师的教学技能、教学策略是在课堂教学的动态生成过程中进行运用的，需要学生配合才能完成。因此，教师的教学反思要指向自身的专业发展，也要指向学生的成长和进步，体现第一个"本"，即以学生为本。以学生现有的认知基础和学习能力为基础，关注学生的需求，引导他们学会学习，获得终身发展的知识和能力，这是语文教学的旨归。教师再结合自身的教学体验，通过总结与反思，思考自身教学过程中的不足，以逐步改进和完善。第二个"本"是课本，即以课本为依托，把课本作为教学反思的基础。但这里不是"唯本是从"，而是对课本或篇章进行深入解读，准确把握教学内容的意涵，把握语文教学目标、重难点和语文要素，以文章作为例子，找准综合训练学生的语文能力的"点"，体现"用教材教"的思想。

二、行动上：加强理论研究和写作

教师的教学反思要想建构出有价值、有意义、有深度的思考，就需要在正确的理论指导下、前人教学研究成果的基础上进行认真反思，批判性地运用教育教学理论知识作为教学剖析与反思的利器。所以，语文教师要自觉加强理论学习，包括教育学、心理学、课程与教学论、语文学科教学论、元认知理论、建构主义理论等。只有站在巨人的肩膀上，我们才能站得更高、看得更远。成长力让教师之间拉开距离，除了理论学习上的积淀，语文教师还需要在文字书写方面下足功夫。用文字把教学经验、感悟记录下来，以随时捕捉教学中的灵感，发现教学中的问题、优点等，以促进自身理论和实践素养的提升。

（一）写教学日志

教学日志就是教师将自己或他人所发生的对自己有感触、印象深刻的教学事件，通过语言文字记录下来，主要是自己的看法、感悟、思考等内容。苏霍姆林斯基曾说过：只要你是认真地对待自己的工作的，你就要尊重这个记事簿和尊重自己，把它一年又一年地记录和保存下去。这里的记事簿就可以理解为教学日志。当然，因为教学工作的复杂性和教师自身工作量等问题，语文教学日志并非需要每天必写。当教学中出现了值得思考、探讨的，对语文教学有研究价值、有意义的，能促使教师专业提升的，对学生的语文学习有帮助的事件，就有叙写教学日志的必要。语文教师应以教学日志作为自我加

强理论学习和教学反思的机会，当作实现自身专业成长的一种良好习惯予以坚持。当教师持之以恒地写几年甚至几十年的语文教学反思日志，并将这些丰富的日志内容进行整理、归档，便可建立起教师个人的语文教学档案。

（二）写语文教学案例

教学案例一般叙写的是真实教学情境下的教学事件，展示教师和学生的教学行为、师生互动、教学思想、偶发事件等在内的教育故事。教学案例解决的是情境中的教学问题，是对语文教学中典型教学事件的撰写。教学案例与教学日志相比，相对规范、正式一些。教师要思路清晰，撰写的案例条理清楚，一般围绕"案例背景、案例事件、对案例事件的反思"的程序进行叙写。教学案例的写作过程其实就是教学反思、理论内化的过程，读者通过阅读该教学案例获得启发和思考。

教学反思还可以写成教学叙事、教学经验总结、教学研究论文等，可以多种形式进行——利用网络媒体写反思，利用教学视频进行反思，开展线上教研进行反思等。形式不拘，教师应灵活选用适合自己的方式。

三、反思交流中：虚心听取他人意见

语文教师的专业成长离不开学校、教师团队的合作。在常规教研活动中，学校开展的听课、评课等教学研讨，也是教学反思的重要内容。教师能正确认识和评价自己，是开展教学反思的前提。在研讨活动中，教师应以一种开放的心态去审视自己，理解他人的意见和建议，在大家的点评中反思自己的教学，以一种全面、客观的态度去认识自我，与同事之间和谐共进。尤其是刚入职的新教师，一定要加强自己专业能力的培养，多向一些经验丰富的教师学习，而不是一味地闭门反思。课后虚心听取学生意见，研讨中征求教师同行的建议，以开阔的胸襟和虚心的态度求教，深刻有效地进行教学反思，保持积极、健康、向上的心态去研究语文、分析教学，努力提高自身的专业水平和素养。

反思是一种可贵的品质。成功的教学，坚持反思能使你迈向下一步的成功；失败的教学，教学反思能使你总结教训，避免再走弯路。我们要勤于实践，不断总结和反思，使自己永葆激情地奋斗在特教战线上，做一个"教文育人"的好教师！

第三节　指导性教学

近年来，乐山师范学院特殊教育专业、教育康复学专业师范生参加了四川省师范技能比赛，获得了优异的成绩。我们将获奖者的参赛资料进行整理，供师范生学习和研究，以期从中获得有益的经验，从而提高自己的教学设计能力。

【参赛课例1】

锄 禾[①]

一、教材分析

《锄禾》选自全日制聋校实验教材《语文》五年级下册第四单元《古诗两首》中的第一首古诗。它描写了烈日当空，农民辛勤劳作的场景，表达了对劳动者的赞美以及珍惜劳动成果的情感。

二、学情分析

本班为五年级聋生。少数学生有残余听力或口语能力，部分学生伴有认知障碍或肢体障碍。与同龄健听儿童相比，他们听力受损，语言、认知发展受限，词汇量少，主要依靠视觉渠道获取信息，抽象思维发展迟缓。学生情感丰富，表达意愿强烈，部分学生来自农村，学习这首描写农民的古诗容易引起情感上的共鸣。但由于本年级学生之前未学过古诗，因此在诗意、诗情的理解上较困难。

三、教学目标

（一）教学目标

目标1：理解"辛苦"等词语的意思，领会诗歌的大意。

目标2：借助口语或手语，正确地朗读古诗；在学习过程中学会独立思考、探究学习。

目标3：多感官参与，通过对"农民伯伯辛苦劳动"的视频赏析，并结合生活实践，体会到劳动的艰辛，认识到应该珍惜粮食的道理。

（二）康复目标

看话目标：通过看教师的口形、表情等，提升学生的看话能力。

[①] 文春容，参加2015年四川省师范生教学能力大赛获文科组二等奖（本书引用时有调整）。现任教单位：泸州市特殊教育学校。

听觉训练目标：学会利用残余听力和助听器，进行视频赏析，听教师和同学的发音等。

言语目标：通过描述画面内容等形式，增强学生的口语表达能力。

四、教学重点难点

重点：能正确朗读古诗，开展探究学习，理解诗歌大意。
难点：感悟作者对劳动者的赞美，懂得珍惜劳动成果的道理。

五、教学方法

朗读法、讲授法、练习法等。

六、教学流程

环节一：看视频，导入古诗

【导入】播放有关古诗的动画，导入新课。
【教学活动】播放水墨动画，并提出动画内容相关问题，引导学生思考。
A 层：理解动画内容和教师提问，并用自己的语言（口语或手语）回答教师提问。
B 层：能对动画内容进行简要描述。
C 层：复述 A 或 B 层学生的回答。
【板书】锄禾
【设计说明】在课前播放有关古诗的水墨动画，让学生把注意力尽快转移到课堂，并适时设问，导入新课。

环节二：诵诗句，初步感受

【教学活动】讲解诗题，让学生自读古诗、找学生带读、教师范读。其间，对学生的错误手语进行纠正。不同层次的学生做不同的事情，以此来分层教学。
A 层：理解诗题意思，正确、流利地读诗。
B 层：在工具书的帮助下，理解诗题、正确读古诗。
C 层：在 A/B 层学生的帮助下，大概理解诗题、读古诗。
【设计说明】诗题是诗歌的概括，只有弄懂诗题才能抓住全诗的脉络，而诗歌教学无疑是在读的过程中把握诗意、体会情感，同时，通过个别发音训练，增强学生的看话能力。通过诗歌的朗读，培养学生语感。

环节三：明诗意，深入分析

【教学活动】让学生描述朗读后看到的、想到的画面，谈自己的感受。找出可以体现农民辛苦的诗句。

A层：能完整地描述画面，并谈自己的感受。正确、快速地找出能体现农民辛苦的诗句。

B层：能简要描述画面，描述自己的感受。找出认为农民辛苦的词语。

C层：能在他人帮助下描述画面、谈感受。

【板书】辛苦

【设计说明】让学生展开想象、描述画面，谈自己的感受，锻炼学生的想象能力，同时为深化情感奠定基础。

环节四：悟诗情，升华情感

【教学活动】分析诗的后两句，小组交流，出示表现铺张浪费情景的图片，让学生谈感受。最后，齐读古诗，布置作业结束本课。

A层：懂得知道辛苦的有农民自己、诗人、我们，谈自己的感受并进行迁移。

B层：懂得知道辛苦的有农民自己，懂得应节约粮食、珍惜劳动成果的道理。

C层：描述图片内容，懂得节约粮食。

【板书】谁知、农民、诗人、我们、节约、珍惜

【设计说明】诗情的把握是本首诗歌的重点和难点。通过对"农民伯伯辛苦劳动"的视频赏析，让学生与诗人情感共鸣。之后，呈现生活中相关图片，进一步升华学生情感。

七、板书及教学设计理念

本课的板书设计（见图8-1）力求突出重点，简明直观。《聋校语文课标（2016年版）》指出阅读诗歌要大体把握诗意，体会作者情感。因此本课教学将在把握基本知识的基础上进行情感的渗透，特别是对"农民伯伯辛苦劳动"的视频赏析是本课教学内容上的一大亮点。

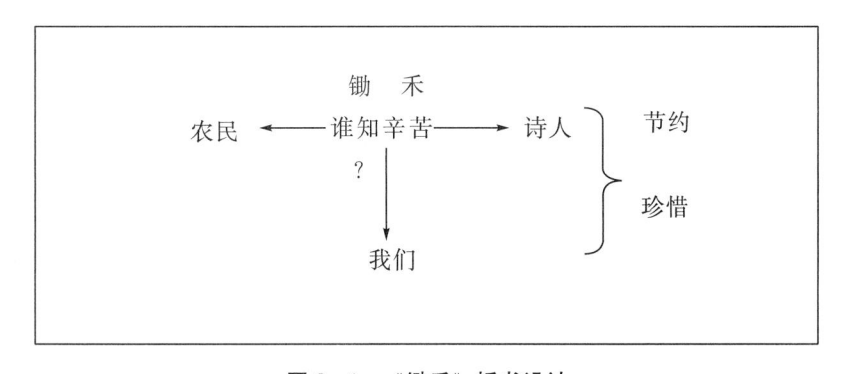

图8-1　《锄禾》板书设计

考虑到聋生身心发展的特点，本课教学采用分层教学，为不同听力障碍程度的学生设定适合其学习能力的目标。为了达到教育和康复整合的目的，通过读古诗、描述画

面、谈感受等多种方式，在进行康复的同时，达到本课教学目标。基于"教康整合"理念下的分层教学是本课教学方法上的一大亮点。

总之，本课教学从宏观到微观，从整体到局部，逐步引导学生理解农民伯伯劳动的艰辛，并与作者产生情感共鸣。

八、课例点评

古诗是中华优秀传统文化。通过引导聋生诵读《锄禾》，认识诗歌的文学形式，展开合理想象，从而理解农民劳作的辛苦，把握诗歌大意，初步理解粮食的来之不易，以及要珍惜人民劳动成果的情感。本课例的设计有三大亮点值得肯定。一是根据学情的不同设计了分层教学，采用"A—B—C"和"C—B—A"两种教学模式进行，使各层次的聋生都有所发展。二是运用了直观形象的视频、图片等辅助聋生理解诗词意思，达到了熏陶感染聋生思想情感的作用。三是教给聋生读书的方法，如"他们读的时候，你的眼前出现了怎样的画面"一句，提示聋生对语言符号进行画面再现，教给聋生读书的方法，即一边读一边展开想象。

赛课是展示师范生教学理论和专业技能的一块试金石。本次比赛中，文春容同学展现了较好的专业素养，普通话、粉笔字、手语等基本功较扎实，谈到了教康整合的理念。答辩时，在解释教康整合的理念的基础上，若再结合本堂课谈具体的操作和达成情况，效果也许会更好。古诗教学，"读—品—悟"是关键。作为语文教师，我们要思考：如何启发聋生通过各种形式的充分的读，养成自主思考、积累语言的良好习惯，进而透过语言文字体会诗歌传达的情感，让他们自己来谈对诗歌的理解和感受，教师做好引导和点拨，从而凸显聋生在课堂上的主体地位。

点评教师：乐山师范学院刘琴

【参赛课例2】

植物妈妈有办法[①]

一、教材分析

《植物妈妈有办法》选自聋校义务教育实验教科书《语文》三年级上册第三单元第

[①] 徐晗，参加2016年四川省师范生教学能力大赛获文科组一等奖（本书引用时有调整）。现任教单位：普洱市特殊教育学校。

5 课，是一篇介绍生物知识的科普类儿童诗。其介绍了蒲公英、苍耳、豌豆传播种子的方法，意在激发学生了解植物知识、探索大自然奥秘的兴趣，培养学生留心观察身边事物的好习惯。课文教学共 4 课时，本课为第 2 课时。

二、学情分析

本班共有 8 名学生，5 名学生有残余听力或口语能力，3 名学生完全丧失听力，与同龄健听儿童相比，学生听力受损，语言、认知发展受限，词汇量少，主要依靠视觉渠道获取信息，抽象思维发展迟缓。课文中有大量的拟人和比喻手法，学生抽象思维能力欠缺，增加了理解难度。不过本班学生情感丰富，表达意愿强烈，对于生动形象的课文比较感兴趣。本文植物种子的传播方式生动有趣，便于学生理解。秉承面向全体与尊重个体差异相结合的原则，本课实施了分层教学。根据学生的学习特点和理解能力，分成两个层次：A 层 5 位学生有残余听力，思维比较活跃，能较好地感知、理解、掌握和运用所学知识；B 层 3 位学生认知能力偏低，在知识的学习、理解和掌握上存在着一定的困难，需要在老师创设的学习情境中逐步理解所学知识。

三、教育康复目标

（一）教学目标

A 层：理解课文内容，了解蒲公英、苍耳、豌豆 3 种植物传播种子的方法。借助口语或手语，正确、流利地朗读课文。

B 层：初步理解课文内容，了解蒲公英、苍耳、豌豆 3 种植物传播种子的方法，借助手语，正确地朗读课文。

A、B 层：多感官参与，激发观察大自然的兴趣，探寻植物种子传播方法的奥秘。

（二）康复训练目标

看话目标（A、B 层）：通过读唇、看表情以及发音模仿，提升看话能力。
听觉训练目标（A 层）：利用残余听力和助听设备，训练听各种声音的能力。
说话目标（A 层）：通过描述课文插图、视频画面等形式，增强口语表达能力。

四、教学重点和难点

重点：理解课文内容，了解蒲公英、苍耳、豌豆 3 种植物传播种子的方法。
难点：描述画面内容，提高语言表达能力。

五、教学过程

（一）巧设疑难，导入新课

1. 舌操训练

学生跟着老师一起做：唇外绕舌运动、唇内绕舌运动、舌外伸运动。

2. 设问导入新课

【导入】提出问题，引发学生思考，激起学习课文的兴趣。

【教学活动1】教师问学生自己和家人旅游的出行方式，抛出问题：植物是怎么旅游的？

【分层教学思路】A层：理解老师关于"旅游"的提问，并用自己的语言回答提问。B层：能在老师提示后回答问题，并用手语表现出来。

【设计说明】语言训练需要长期坚持，在课前设计常规训练有助于学生的语言发展。在课前问学生自己和家人旅游的出行方式，让学生把注意力尽快转移到课堂，并适时设问，引发学生思考，导入新课。在这个过程中不同学生需要达到不同目标。

（二）循序渐进阅读课文

【教学活动2】采用教师范读、全班齐读、自由阅读、指名读等多种方式朗读课文。不同层次的学生要求不同。

【分层教学思路】A层：鼓励他们正确、流利地读课文，并理解文章大意。B层：在老师带领下，学会正确朗读课文。

【设计说明】文章是科普类作品，要对全文大意有整体感知才能体会文章深意，并升华感情，阅读则是最直接、全面了解课文的方式。通过课文朗读，帮助学生理解课文内容，培养语感。

（三）层层深入，理解具体意思

【教学活动3】重点讲解第二节，掌握蒲公英妈妈是如何传播种子的。

【教学活动4】学生运用第二节教师提到的方法，自由阅读第3、4小节，找出苍耳、豌豆妈妈的办法，理解植物种子的传播方法。

【分层教学思路】A层：能正确、快速地找出蒲公英妈妈、苍耳妈妈、豌豆妈妈的方法，能正确、流利地朗读课文。B层：能找出蒲公英妈妈、苍耳妈妈、豌豆妈妈的方法，老师指导后能正确朗读。

【设计说明】让学生理解植物种子传播的方法，体会大自然的妙趣所在，为深化情感奠定基础。

（四）拓展思维，促进情感升华

【教学活动5】升华全文情感，总结课文中植物种子的传播方式。出示练习题，从课文迁移到生活中，引发学生思考。

【分层教学思路】A层：懂得文章中的植物传播方法，并说出自己主动观察后的现象。B层：懂得植物传播的方法，并思考生活中的植物传播方法。

【设计说明】理解课文中植物种子传播的方法是全文的重点。通过总结课文中植物的传播方式，启发学生思考：其他植物的种子如何传播的？让学生学会主动去观察大自然，在理解现有知识的基础上进一步观察生活，将所学知识运用到生活中，升华文章主题。听障学生在生活和学习中遇到的困难会有很多，通过这么多"植物妈妈有办法"的事例启迪学生：自己在遇到困难时要积极地想办法解决问题。

六、板书设计

植物妈妈有办法

| 蒲公英 | 风 | 吹 |
| 苍耳 | 动物 | 挂 | 有办法
| 豌豆 | 太阳 | 晒 |

七、教学反思

《植物妈妈有办法》是一首介绍自然常识的课文。课文语言生动、形象，富有儿童情趣。本课我以"书中写到了哪些植物妈妈？它们有什么办法让孩子去旅行"为主线，重点引导学生运用探究式的方法自主学习，充分地调动学生学习的积极性和激发他们观察大自然的愿望，并采用多种方法鼓励、指导学生个性化阅读，及时进行评价。经过换位理解等方式，让学生体会蒲公英、豌豆、苍耳妈妈如何想办法让孩子去旅行，鼓励学生在遇到困难时也要积极思考。同时将语言康复训练融于课堂教学中，让聋生能够坚持语言训练，做到"教康整合"。不过作为语文课堂，学生的阅读时间相对较少。经过本课教学，我意识到情感的渲染对孩子语文学习的重要性，在课前应认真做足功课，研读课标，深入解读教材，分析学生学情，课堂上关注学生的特殊需求，真正融进教学中，和学生一起共同成长。在今后的教学中，我会不断地实践和总结，将文本内涵用质朴的语言让聋生感受并理解，真正促进他们语文素养的全面提高。

八、课例点评

赛课，是提升师范生专业技能的重要途径。备赛过程中多次课例打磨，徐晗同学表现出明显的进步。反复研读语文课程标准，用心钻研教材，认真撰写教案，思考教学策略，一次次练习磨课，每次及时总结和反思不足，多次与指导教师一起研究和分析课例……这个过程本身就是一种成长和进步，是师范生宝贵的学习品质。观摩本次赛课视频，课例呈现三大亮点：

第一，"扶放有度"的教学模式。在本次课堂中，教师重点讲解了第二小节内容，在第三、四小节教学时，学生运用第二节教师提到的方法，自由阅读、思考，找出苍耳、豌豆妈妈的办法。教师对学生的"扶"在不断消减，学生参与课堂活动的度在逐渐增强。这样的设计方式，能促进学生主动参与学习，通过自主阅读和思考，可以有效习得语文知识和能力。

第二，"以读代讲，以读促学"的教学理念。在视频中，我们看到徐晗同学有几次范读。在读到"蒲"时，强调了 p 的送气，指导个别学生读准字音，体现教康整合的思想。在读准字词的基础上，再读通句子，教师引导学生读通顺，这是培养聋生阅读能力、促进语言理解的重要途径，对聋生来说非常重要。在学生能熟练朗读后，教师引导学生投入情境读出感情。在美美的朗读中，师生自然流露出对植物妈妈办法的赞叹，课文给学生的启迪自然融入。

第三，扎实的师范专业技能功底。徐晗同学展现了良好的师范技能，落落大方的站位、一口流利的普通话、工整的粉笔字、标准的手语动作、走近学生时的亲和力、收放自如的课堂掌控感，给评委留下了深刻的印象。

当然，赛课和真实的聋校语文课堂是有差距的。因为聋生是最灵动的课堂主体，真实的特校课堂充满许多不确定性。该教学设计中，模拟场景是理想化的，运用于教学实践可能还会发现很多问题。总体来看，该课例比较成功，对于师范生的专业教育和试讲试教有较大的教学和研究价值。

点评教师：乐山师范学院刘琴

【参赛课例3】

秋　天[①]

一、教材分析

《秋天》是人教版全日制聋校《语文》实验教材第五册第九课的讲读课文。作者描写了秋天黄叶纷落、大雁南飞及农民收割的景象，表达了自己对秋天的喜爱之情。通过

[①] 杨炜钧，参加2017年四川省师范生教学能力大赛获综合学科组一等奖（本书引用时有调整）。现任教单位：阆中市特殊教育学校。

引导聋生认识秋天的景象，培养聋生对大自然的观察能力和热爱之情。该课文教学设计为三个课时，本课为第二课时。

二、学情分析

本班为三年级聋生。部分聋生有残余听力和口语能力，理解能力强，接受新知识快，语言表达完整；部分聋生完全丧失听力，语言理解能力和表达能力较欠缺。与同龄健听儿童相比，他们的听力受损，语言、认知发展受限；主要依靠视觉渠道获取信息，抽象思维发展迟缓。上学期学习了看图学句《春天，天气暖和了》，聋生对四季不同景色的特征已有大致了解，有一定的经验基础。聋生仍处于形象思维为主的阶段，生动形象的秋景图片容易引起他们的学习兴趣，使聋生更容易接受、掌握文章的内容。聋生因口语表达能力受限，在正确、流利地朗读课文方面，需要加强训练，对个别字词发音时要注意正确的口形。

三、教育康复目标

（一）教学目标

目标1：正确观察图画，理解课文内容，认识秋天的景象，感受秋天的美，激发学生对大自然的热爱之情。

目标2：会用"（谁）有的（做什么），有的（做什么）"的句式说、写句子。

目标3：能正确、流利、有感情地朗读课文。

（二）康复训练目标

看话训练：能借助读唇、看表情及肢体语言等，提升看话的能力。
语言表达：能模仿教师的发音，通过看图描述画面内容，提高语言的表达能力。

四、教学重点和难点

重点：理解课文内容，认识秋天的景象。
难点：能用"（谁）有的（做什么），有的（做什么）"的句式说、写句子。

五、教学过程

课前：做口舌操，进行发音训练。

（一）游戏闯关，复习导入

【活动1】字词闯关

教师课件呈现字词闯关的游戏，引导聋生正确读、写字词，复习上节课所学内容。

【问题组1】

你们谁能帮小朋友读对这些字词？学生读。

谁愿意帮小朋友写一写呢？学生写词语。

【设计说明】"未成曲调先有情"，聋生复习生字词是为理解课文内容打下基础；利用游戏激发聋生上课的激情，吸引聋生的注意力。

（二）自读课文，感知大意

【活动2】自读课文

请同学们选择自己喜欢的方式自读全文，看看课文写了哪些秋天的景象。

【问题组2】

"啊！到处是秋天的景象！"一句中，"到处"是什么意思？

课文写了哪些秋天的景象呢？

结合以上问题，聋生交流自己的答案，并在教师的引导下学习课文，检验自己的答案。

【设计说明】让聋生带着问题思考，选择自己喜欢的方式自读课文，培养聋生的阅读能力，提高阅读的效率，通过探寻答案引起聋生对下文学习的兴趣。

（三）图文结合，赏析秋天

【活动3】黄叶纷落

作者写了哪些秋天的景象呢？我们一起来读一读。

【问题组3】

秋天天气怎样了？"渐渐"是什么意思？

你们见过黄叶纷落的景象吗？一起来欣赏视频吧！

想一想这一段写了秋天的什么景象？

【设计说明】聋生以形象思维为主，通过图文结合与视频欣赏的方式将教学内容直观、形象、生动地展示在聋生面前，帮助聋生充分理解句子意思和课文大意，培养聋生对语言文字的理解能力。

【活动4】大雁南飞

看了树上纷落的黄叶，你们想不想看看天上有什么呢？让我们一起来读一读。

【问题组4】

天上有什么？有多少大雁呢？（出示PPT）请大家找一找哪一幅图画是一群群大雁呢？

大雁们要飞去哪里？为什么要飞往南方？它们是怎样飞的？

请用手在图上指一指大雁，并模拟一下大雁飞翔的队形。（学生上台演示）

想一想，这一段写了秋天的什么景象？

【设计说明】本环节引导聋生看图片，充分发挥视觉器官补偿听损的缺陷；通过动作演示，模仿大雁变换队形，提高他们对课文语句的理解能力和课堂参与度；通过队形变换，有利于培养他们的团队合作能力及人际相处能力。

【活动5】农民收割

看了树上纷落的黄叶和天上南飞的大雁，那农民们在做什么呢？我们一起来读一读。

【问题组5】

地里的庄稼怎么样了？注意"熟"字的读音（shú）。看着老师的口形跟着读。

农民们在做什么？引出句式"（谁）有的（做什么），有的（做什么）"。

同学们，你们能用这个新句式说一说句子吗（两人一组合作）。

你们都能按照句式说句子，请试着把刚才说的句子写下来吧。（学生独立写句）

引导学生回到课文，教师带领着学生再读课文。

教师把字去掉，让学生自己来看图说一说。

想一想：这一段又写了秋天的什么景象？

【设计说明】通过图文结合与"去图说文"的方式，将教学直观、形象、生动地展示在聋生面前，让聋生在充分理解和熟读例句的基础上，与教师共同提炼出句式，并将学到的句式及时进行仿说、仿写练习，提高聋生对语言文字的应用能力和表达能力。

（四）巩固延伸，升华情感

【活动6】美丽秋天

让聋生根据板书总结出作者写了哪些秋天的景象。再根据教师播放的秋景图，欣赏秋天的美，并谈一谈自己的感受。

【问题组6】

作者到底写了哪些秋天的景象呢？（引导学生回顾课文内容）

教师总结：通过本课的学习，我们欣赏了秋天的美景，同时，获得了启发：只要仔细观察就能发现身边的美。

布置作业：请大家用自己喜欢的方式，表现"我眼中的秋天"。比如，画一幅秋景图、写几句秋景话、背诵一首描写秋景的诗歌。

【设计说明】通过欣赏秋景引发聋生对秋天美的感受，进而引出仔细观察，培养聋生对大自然的观察能力和热爱之情；让学生用自己的方式表现秋天，在拓展课文的同时让学生自由表达，增强聋生主动表达、自由发挥、动手操作的意愿和兴趣。

六、板书设计

9. 秋天

黄叶纷落 ⎫
大雁南飞 ⎬ 美
农民收割 ⎭

七、课例点评

  作为指导教师，我陪伴和见证了杨炜钧同学从"小组试讲—学院初赛—学校决赛—省赛准备—省赛获奖"的整个过程。成长比成功更重要，在整个备赛过程中，杨炜钧同学很努力，认真研读课程标准，分析教材，设计教案。每次打磨课后，都会带着本子虚心地记录老师和同学们的每点建议。从教学设计和课例视频来看，杨炜钧同学的教学思路清晰，重点突出，整个过程师生积极互动。其中有三点做得比较好：

  一是图文结合，引导学生深入理解课文内容。灵活运用课文插图，通过"看图读文、去图说文、看文字想象画面"等，引导学生正确理解课文句子的意思。

  二是抓句式的学习和积累，重视聋生的说、写训练。"（谁）有的（做什么），有的（做什么）"的句式，先读课文语句，理解意思；再提炼句式，结合生活实际，引导聋生进行说、写句式的迁移训练。

  三是灵活采用多种教学手段，突破难点。运用动图，突出了一只大雁、一群大雁、一群群大雁的不同；在大雁南飞环节，鼓励学生上台模拟大雁飞翔的动作，体会"一会儿排成人字，一会儿排成一字"的阵势变换；句式训练时，用图片辅助，引导学生说句子。最后的秋收、秋景的视频欣赏，引发聋生感受秋天的美。

  关于教康整合的理念，在本课例中有所体现。但语文教育和康复训练两者是自然融入的，在实际教学中，我们还要结合学生的具体情况认真落实。总体而言，杨炜钧同学灵动的课堂、机智的临场把控、亲和的笑脸，给我们留下了深刻的"师者"形象。

点评教师：乐山师范学院刘琴

【参赛课例 4】

小熊住山洞[①]

一、教材分析

《小熊住山洞》是聋校义务教育实验教科书《语文》二年级上册选读课文中的第 5 课。该文讲述了小熊一家想要砍树造一间木头房子，可小熊始终舍不得砍，以致很多年过去后，他们一直住在山洞里的故事。这是一个意在表现人与自然和谐相处的故事，能够激发学生对大自然的热爱之情。课文设计 4 课时，本课为第 2 课时。

二、学情分析

总体情况：本班为二年级聋生，共 12 人。根据学生的个体差异，将其分为 A 层（4 人）和 B 层（8 人）。A 层学生理解能力强，接受新知识快；B 层学生语言表达能力弱，能进行简单模仿。

学习本课的优势：本班学生处于具体形象思维的阶段，生动有趣的图片更易引起他们的学习兴趣，加上之前学过《四季》一课，对四季的景象有初步的了解，有一定经验基础。

学习本课的弱势：本班学生的听力受损，语言、认知发展受限。在朗读课文方面，需注意他们的发音、口形及表情；在理解课文方面，需引导他们理清树木四季的样子与小熊舍不得砍树之间的关系。

三、教育康复目标

（一）教学目标

知识与技能目标：口语手语结合，能正确、流畅、有感情地朗读课文；理解重点字、词、句的意思，正确理解课文内容。A 层学生能用"舍不得"补充造句，B 层学生能用手语和面部表情表达"舍不得"的意思。

过程与方法目标：通过小组讨论和自己讲解课文，提升与他人合作交流的能力和自主学习的能力。

[①] 倪溪溪，参加 2018 年四川省师范生教学能力大赛获综合学科组一等奖（本书引用时有调整）。现任教单位：绵阳市特殊教育学校。

情感态度与价值观目标：能感受大自然四季的美，体会小熊舍不得砍树的情感，具有爱护树木的意识。

（二）康复训练目标

学生通过读唇和模仿发音，能正确地朗读课文中的字、词和句子。

四、教学重点难点

重点：理解重点字、词、句的意思，正确理解课文内容。
难点：体会小熊舍不得砍树的情感。

五、教学方法

教法：提问法、讲读法、直观教学法。
学法：练习法、朗读法。

六、学教具准备

课件，树叶、花、果子和鸟的贴图，KT板。

七、教学过程

环节一：设疑揭题，激趣导入
【教师导语】同学们，今天我们要到小熊家做客。它的家在哪里呢？我们一起来读读课题。
【教师提问】同学们想住山洞，还是想住木头房子呢？
熊爸爸告诉小熊要造木头房子的时候，观察图上小熊的心情如何。
【学生活动1】看一看。观察山洞和木头房子的图片，在教师的引导下描述两者的样子。
【学生活动2】选一选。分小组在KT板上选择住山洞还是住木头房子。
环节二：自读课文，感知大意
【教师导语】小熊最后住进木头房子了吗？请同学们带着这个问题，仔细读读课文。
【教师提问】小熊为什么会一直住在山洞里？
【教师】引导学生带着以上问题自读课文，并用笔将答案勾画出来。
【学生】自读课文，用笔勾画句子。
环节三：图文结合，讨论解疑
【教师导语】小熊为什么会一直住在山洞里呢？今天我们就一起来找找答案。

【教师提问】

图中是什么季节？小熊发现树上是什么样子的？小熊砍树造木头房子了吗？

【学生】齐读课文，根据课文插图和课文内容，回答教师提出的问题。

【学生活动3】辨一辨

【教师】引导学生进行读唇和发音模仿，正确发出"满"的读音。出示长满绿叶的动态过程，加深学生对"长满"的理解。

【学生】先观察长满绿叶的动态过程，后根据教师出示的图片，辨别长满绿叶的树，巩固对"长满"的理解。

【学生活动4】选一选

【教师】让学生在砍树与不砍树间做选择，体会小熊砍树前的纠结心情。引导学生使用"舍不得"造句，巩固对"舍不得"的理解，最后带着"舍不得"的情感朗读课文。

【教师提问】如果同学们是小熊，你会选择不砍树还是砍树？说说你们的理由。

小熊砍树造木头房子了吗？

【学生】观察并描述树木被砍前后的图片，选择不砍树或砍树并说明原因。练习用"舍不得"造句；带着"舍不得"的感情朗读课文，再次选择住山洞还是住木头房子。

【学生活动5】讲一讲

【教师】用提问的方式引导学生学习第四段，随后让其借助辅助表格自主、合作学习第五、六段，然后上台讲一讲，补充板书，最后再次进行住处选择。在此期间教师需帮助学生区分"开满""结满"与"长满"的异同。

【学生】结合图文内容，学习第四段，并回答问题。借助辅助表格自主、合作学习课文第五、六段，最后再次进行住山洞还是住木头房子的选择。

环节四：回顾课文，复习总结

【教师导语】小熊最后宁愿一直住山洞，也要爱护树木，舍不得砍树造木头房子住。现在我们来根据板书回顾一下今天学习的课文内容。

【教师提问】春天/夏天/秋天/冬天，他们走进森林，树上是什么样子的？

小熊最后砍树造木头房子了吗？

【学生】根据板书回顾课文内容。

环节五：布置作业，课后延伸

根据课文内容完成填空。课后画一画你喜欢的树木。

八、教学设计说明

结合聋生的认知规律和《聋校语文课标（2016年版）》的要求，本课的设计理念如下：第一，通过图文结合与动态展示的方式，引导学生理解课文内容，配以相应的插图让学生能够直观地感知文中树的四季变化，体验大自然的美，获得初步的情感体验，向往美好的情境，关心自然和生命。第二，让学生以小组合作形式根据问题进行讨论，鼓励学生自行讲解课文，意在培养学生的自主、合作学习能力。第三，形象直观的板书设计（见图8-2），突出课文的主要内容。

图8-2 《小熊住山洞》板书设计

九、课例点评

《聋校语文课标（2016年版）》指出：聋校语文课程应坚持育人为本的理念，践行社会主义核心价值观，把握语文教育与聋生身心发展的特点和规律，使聋生形成正确的世界观、人生观、价值观。作为二年级的聋生，正是世界观、人生观和价值观初步建立的时候。《小熊住山洞》一课传递了社会主义核心价值观中"和谐"这一概念。本课图文并茂、生动有趣，通过本课的学习，聋生可以建立初步的与自然和谐相处的观念。倪溪溪同学的这节语文片段教学课，从教材分析、学情分析、教学目标、教学过程等都充分体现了《聋校语文课标（2016年版）》的理念和要求，实现了聋生语言文字理解与运用、初步形成正确价值观的目标。该微课呈现如下亮点：

一是重视文本阅读，以读促悟。新课标指出阅读是聋生个性化的行为，不应以教师的分析替代学生的理解。在本微课展示中，倪溪溪同学多次设置活动，引导学生一边读一边理解课文的重点字词句，品悟词句背后的内涵，帮助学生理解课文内容及情感。如，开头让学生带着问题阅读课文体会课文的主题，接着又以读的方式带领学生边读边观察边理解和体会"满""舍不得"等词所蕴含的内涵，体现了立足本文、以读促悟。

二是借助多媒体突破难点。在本课中，"满"字对聋生而言比较抽象。倪溪溪同学借助多媒体工具将树木的叶子从少到多的这一过程逐渐呈现，把抽象的"满"字变成了一个直观具体的过程，结合生动的语言描述让学生形象地理解了"长满"这一动态过程。

三是读写结合，促进学生语言文字的理解和运用。教学片段中对于"舍不得"一词，教学者通过设置心爱的物品帮助学生理解其含义后，又结合看图造句的方式帮助学生进一步将所习得的词语在情境中进行运用，巩固对词语的理解，这正体现了新课标所提出的"聋校语文课程致力于培养聋生语言文字的理解和运用能力"这一目标。

总之，整个微课把握住了教学的重点难点，注重以教育为主、康复为辅开展聋生的阅读教学，体现了学生主体、教师主导。作为一名师范生，执教时语言生动、手语规范、仪态端庄、教学思路清楚，课堂效果较好，展现了师范生应有的基本功。建议教案撰写中对于目标的描述还应具体。作为选读课文，教师应加强学生阅读技巧的指导。

点评教师：乐山师范学院唐丹

【参赛课例5】

葡 萄 沟[①]

一、教材分析

《葡萄沟》选自义务教育教科书《语文》二年级上册第三单元的第11课。本单元主题是围绕爱祖国、爱家乡的专题组织的。课文讲的是位于我国新疆吐鲁番盆地的葡萄沟，是个盛产葡萄的好地方。通过教学，学生知道葡萄沟的葡萄品种多、味道甜，维吾尔族老乡热情好客，从而产生对葡萄沟的向往之情，增强对祖国山河的认识和热爱之情。

二、学情分析

普校教材对相应年龄段的聋生来说偏深偏难，加之聋生听力受损，语言、认知发展受限，抽象思维能力较差。因此，本课文适用教学对象为四年级聋生，全班共12人。根据听力损失程度、认知水平、学习能力等，我将本班学生共分为A层4人、B层5人、C层3人。

A层：有残余听力，基本能正确发音，理解能力强，学习基础扎实，反应敏捷。

B层：听力损失严重，理解能力欠佳，学习基础较好，与老师配合较好。

C层：重度听力损失，理解能力差，接受新知缓慢。

本班学生的观察能力强，之前学习过《四个太阳》一课，他们知道到了秋天果实会成熟这一道理。另外，在第一课时的学习中，他们已经朗读过本篇课文，初步感知了"葡萄沟是个好地方"。

[①] 廖嘉奕，参加2019年四川省师范生教学能力大赛获综合学科组一等奖（本书引用时有调整）。现工作单位：南充市高坪区特殊教育学校。

三、教育康复目标

针对本班学生学情，设计了分层的教育康复目标（见表 8—1）。

表 8—1 教育康复分层目标

维度	A 层	B 层	C 层
知识与能力目标	深入理解"茂密""五光十色"等词语的意思，并能用"五光十色"造句；能指出句子的关键字词，理解课文内容	正确理解"茂密""五光十色"等词语的意思，初步理解课文内容	初步理解"茂密""五光十色"等词语的意思，能用手语和表情来表达句子
过程与方法目标	自主学习、合作探究，在创设的教学情境中理解课文内容；能正确、流畅、有感情地朗读课文	通过教学情境和动态课件来学习；能手语口语结合，正确、流畅地朗读课文	借助图片、视频等，学习课文，能模仿并借助手语正确地朗读句子
情感态度与价值观目标	欣赏葡萄的美，体会"葡萄沟真是个好地方"，感受维吾尔族老乡的勤劳热情，激起人们对葡萄沟的向往之情，从而产生热爱祖国大好河山的思想感情		
康复目标	借助残余听力，看（听）并模仿教师的发音，能正确看（听）、朗读课文，能用"五光十色"造句	通过读唇和模仿教师发"m"音，进行学语训练。借助手语学习"茂密""五光十色"等词，朗读句子，口形基本正确	

四、教学重点难点

重点：能理解"茂密""五光十色"等词语的意思，理解课文内容。
难点：感受葡萄的美，产生对葡萄沟的向往之情。

五、教学法

教法：直观教学法、讲读法。
学法：练习法、朗读法。

六、教学过程

环节一：情境导入，揭示课题
【教师导语】上节课，老师带大家去了一个瓜果飘香、有着浓郁少数民族风情的地方，大家还记得是哪儿吗？

【活动 1】引出课题，建立情境。

创设情境，利用动态图片展示美景，揭示课题，围绕"走进美丽的葡萄沟"渐入佳境。

【设计说明】围绕问题，引导学生观察与交流。

环节二：初读引路，游中探趣

【活动 2】视频展示，理解"茂密"的意思。

【教师】齐读"茂密的枝叶向四面展开，就像搭起了一个个绿色的凉棚"，回答问题。

【问题组 2】梯田上长满了什么样的枝叶？茂密的叶子像什么？联系课文回答。

【学生】阅读句子，结合动态图片，进一步理解"茂密"等词语的意思。

【设计说明】围绕问题，引导学生观察和思考。图文结合，动态展示，巩固练习，加深对"茂密"意思的理解。

环节三：图文结合，重点突破

【活动 3】图文结合，身临其境。

【教师】现在请同学们和老师一起钻进茂密的葡萄架下，说出葡萄的特点。

【问题组 3】钻进茂密的葡萄架下，抬头看看，在茂密的叶子下面都挂满了什么？

【学生】联系课文回答问题，学生说出词语"五颜六色"。

【设计说明】依据情境教学的方法，利用图文结合的方式，形象直观，让学生身临其境，认识葡萄的特点。

环节四：师生对话，合作解疑

【活动 4】小组合作，对比解疑。

【教师】在"五颜六色"与"五光十色"对比中发现"光"字，进而理解"五光十色"的意思。

【问题组 4】为什么葡萄沟的葡萄是"五光十色"的，而不是"五颜六色"的？

【学生】自主观察分析，说说各自看法，比较"五光十色"与"五颜六色"的不同。通过造句、联系生活举例，深入理解词语意思。

【板书】五光十色

【设计说明】结合聋生的思维特点，运用图片、联系生活等理解"五光十色"的意思。

环节五：总结课文，升化情感

【活动 5】走进老乡，激发情感。

【教师】利用"五光十色"的葡萄，激发学生去维吾尔族老乡家一探究竟，感受热情的兴趣。

【问题组 5】在葡萄沟，除了葡萄好吃，维吾尔族老乡怎么样呢？

【学生】朗读课文，观察课文插图，感受老乡的"热情好客"

【板书】维吾尔族老乡图片、热情好客。

【设计说明】在对美味葡萄的初步向往中达到首次情感共鸣；接着，走进老乡家里，再次在课文配图细节中感受老乡热情好客，达到第二次情感升华。

【活动6】内容总结，升华情感。

【教师】总结：葡萄沟葡萄美，人也美。"葡萄沟真是个好地方！"

【问题组6】葡萄沟不仅有可口的葡萄，还有热情好客的老乡。你的感受是什么？

【学生】感受葡萄沟真是个好地方，情感激发。

【设计说明】在总结中，感受"葡萄美人也美"，升华情感。

【活动7】品尝葡萄干。

【教师】提问与视频播放，让学生了解葡萄干制作过程。

【问题组7】这么多的葡萄吃不完还能做成什么呢？葡萄干是在哪里制作的？请概括葡萄干的制作过程。

【学生】读课文，小组讨论。

【设计说明】带着问题了解葡萄干的制作过程，感受维吾尔族老乡的勤劳和智慧。

【活动8】升华感情。

【教师】出示"葡萄沟真是个好地方"，赞美葡萄沟，齐读课文。

【设计说明】总结课文，赞美"葡萄沟真是个好地方"，在阅读中升华情感。

七、课例点评

本课所在单元的主题是爱祖国、爱家乡。廖嘉奕同学讲授的课文主要是通过新疆吐鲁番盆地中葡萄沟的美丽景色、丰盛物产以及维吾尔族老乡热情好客来引导学生了解祖国大好河山，并产生对祖国的热爱。在讲解本课时，充分体现了《聋校语文课标（2016年版）》的理念及要求，具体体现在以下几个方面。

（一）重视学生的能力和语言发展

本课文选用普校教材，对相应年龄段的聋生来说偏深偏难，加之聋生听力受损，语言、认知发展受限，抽象思维能力较弱。所以，在教授对象上，廖嘉奕同学选择了四年级的聋生。又因为班级中，学生听力损失程度、认知水平、学习能力等差异性，廖嘉奕同学进行了分层教学。在教学过程中，廖嘉奕同学引导学生运用读唇、模仿、看听结合的方法，对有残余听力的学生进行个别教学，引导学生获得语言能力的发展。并通过读词语、读课文和造句的方法，鼓励学生大胆进行语言表达。在教学中，廖嘉奕同学多次使用图片，使学生"以目识物"，直观形象，符合四年级学生形象思维为主的特点，也发挥了聋生视觉优势补偿的作用。

（二）小组合作，突显学生主体地位

在教学过程中，廖嘉奕同学不仅用了讲授的方法，还结合情境教学法，让学生在小

组中探究学习，通过自己动手"画"出自己心中理解的"五光十色"。并通过教师和学生互相讨论，允许在课堂中不同思想的碰撞，将课文"说出来""悟出来"，而不仅仅是"讲出来""看出来"，真正做到把课堂还给学生，凸显学生的主体地位。

（三）由景及人，过渡自然

廖嘉奕同学先讲授葡萄沟的风景和物产，激起学生对葡萄沟的向往，话锋转向"还有热情好客的老乡"，过渡自然，使学生整体感知葡萄沟的风土人情。再用葡萄干的制作过程设疑，又将人与物巧妙地联系在一起，使学生慨叹葡萄沟是个好地方，从而体会文章主题思想。

点评教师：乐山师范学院王欢

【参赛课例 5】

爷爷和小树[①]

一、说课稿

本次说课的题目是《爷爷和小树》。以下将从说教材、说学情等六个方面展开说课。

（一）说教材

《爷爷和小树》选自聋校义务教育实验教科书《语文》二年级上册第 8 课。本单元包含三篇课文：《秋天》《爷爷和小树》《四季》。在上一篇课文《秋天》中，学生对四季特征已有一定的了解。本课可将夏季和冬季的图片结合，加深学生对季节的认识。本课以儿童的口吻分别描述了在冬天和夏天爷爷和小树间发生的故事，生动地展现了人类与树木的关系：人类保护树木，树木造福人类。课文篇幅短小，内容简洁，渗透着人与自然和谐相处的思想。

（二）说学情

本班为聋校第一学段二年级学生，共 8 名。大部分聋生有残余听力且佩戴了助听器，1 名聋生完全丧失听力。与同龄健听儿童相比，本班聋生听力受损，语言和认知发展受到限制，语言理解和表达能力不足，朗读课文有难度。由于低年级聋生多数处于具体形象思维为主的阶段，对图片等直观事物感兴趣，本课可"以目代耳"创造情境化学

[①] 罗亚丽，参加 2020 年四川省师范生教学能力大赛获综合学科组一等奖（本书引用时有调整）。

习氛围。

（三）说教育康复目标和重难点

1. 教学目标

目标1：口语、手语结合，正确、流利、有感情地朗读课文，并背诵课文。

目标2：正确观察图片，理解句子意思和课文内容（能根据图片得出"厚厚的衣服"和"绿色的小伞"指的事物，并能在图中指出。明白小树为什么不冷了、爷爷为什么不热了）。

目标3：懂得树木是人类的好朋友，树立爱护花草树木的意识，理解人与自然要和谐相处的道理。

2. 康复目标

听觉训练目标：增强运用残余听力和助听器听话的能力。
看话目标：观察并模仿教师的呼吸控制和口形，学习正确的发音。
言语目标：运用课堂交流和画面描述，提高语言表达能力。

3. 教学重点难点

重点：图文结合，正确朗读课文，理解句子的意思和课文内容。
难点：懂得树木是人类的好朋友，理解人与自然和谐相处的道理。

（四）说教法学法

本课首先运用讲读法梳理课文，利用聋生的视觉优势，结合直观教学法、观察法进行教学。根据新课程课堂教学理念"教师应激发学生的学习积极性"，在课堂中，启发引导，运用提问法鼓励学生合作探究，主动思考，展开想象。学生在朗读、练习中逐渐掌握所学知识。

（五）说教学过程

1. 情境导课，激趣揭题

先是语技练习，接着设问导入，引导聋生从认识一位小朋友到爷爷和小树，激发他们学习的兴趣。

【设计理由】口舌操可锻炼聋生口舌的运动力量和灵活性，为正确的口形、舌位打好基础。由于聋生视觉注意力发展相对滞后，在正式教学前需引起他们的注意。通过设问导入引导聋生进入情境，结合书写课题、读课题环节将其注意力集中于课堂。

2. 读中感知，了解大意

方式：教师范读，聋生齐读。教师示范朗读课文一遍，聋生观察教师口形和手语，听教师发音。继而聋生朗读课文，教师了解聋生朗读课文的情况，作点评，并再次朗读课文。如朗读情况好，教师夸赞聋生；如读错字词，教师纠正并鼓励聋生之间互相学习、纠正。

【设计理由】朗读有利于聋生整体感知全文，体会文章大意，也为教师了解聋生第一、二课时的学习情况提供条件。鼓励聋生多次朗读，培养他们对自己声音和手势的自我欣赏，增强自信。

3. 图文结合，探究促思

【设计思路】逐段学习，理解内容，并在教学中巩固对自然段的认识。

第一自然段：从询问聋生家门口的事物切入，到"我"家门口有一棵小树。抽取一名语言能力发展稍弱的聋生读这一自然段并予以鼓励。第二自然段：从图片1切入，询问聋生图片呈现时间、谁给小树做了什么事情。要求聋生在教师引导下说出季节。学法指导方面，以读为主，循序渐进地提出问题。第三自然段：朗读本段，强化"撑开"的手语。从图片2切入，期望聋生自己说出该图中的季节与确定是该季节的原因。若聋生知道，则鼓励；若聋生不知道，则先提示再讲授。引导聋生合作探究，结合教师的提问进行思考。

【设计理由】分段学习有助于学生理清文章脉络，理解文章内容。步骤教学的课堂设计利于生生、师生互动，教学相长。问题设计层层深入，将课堂还给学生，自主探究、合作探究，找寻答案。在设计中图文结合，促进学生阅读理解能力的发展。

4. 读中悟理，升华感情

引导学生梳理课文内容，课件出示小树遇到害虫、干旱等画面，小组间结合课文和生活实际思考：揭示"爷爷"和"小树"互相帮助，鼓励学生寻求他们之间的联系。引发学生思考：我们应该怎样帮助小树呢？

【设计理由】回顾前文，在文中感悟爷爷和小树之间的互动。结合生活实际理解人与自然友好互助、和谐相处的道理。教学中引导启发，促进学生思维的灵活性，养成爱思考的好习惯。

（六）说板书设计

以突出重难点、形象直观为原则，旨在帮助学生理解和掌握课文内容（见图8-2）。

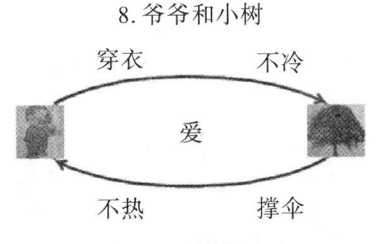

8.爷爷和小树

穿衣　　不冷

爱

不热　　撑伞

图8-2　板书设计

二、教学实录

（略）

三、教学反思

说课和微课展示结束后，我及时从教师、学生、教材、环境及其相互作用关系等角度出发，对本节课的得失成败认真进行总结与反思。

（一）设计理念与思路

《聋校语文课标（2016年版）》指出：让学生喜欢阅读，感受阅读乐趣，学习正确朗读课文，注重发音和口形，能结合上下文和生活实际了解词句的意思，学习借助图画阅读故事，关心自然和生命。通过教师设问和引导激发学生的积极性，注重学生思考能力的培养。在学习过程中生生、师生互动交流，教学相长。

在本节课的教材内容处理上，我注意到了教材是最基本的课程资源，又结合了我班学生实际情况进行了适当调整。这样充分体现了不同学生在教学中得到不同发展的基本理念。我的课堂采用了"观察—发现"的教学模式。这样基于课文知识内容，通过多形式、多感官教学，激发学生学习的热情，启发学生学习的积极性。

（二）本课的亮点

本课学生的学习状况好、积极性高。教师与学生互动密切、学生与学生合作紧密。我把课堂的宝贵时间还给学生，让他们在自主学习的氛围中，吸取自己所需知识。在学习过程中生生、师生之间互动交流，教学相长。

在备课过程中，我认真钻研教材，熟悉《聋校语文课标（2016年版）》后，以适合于该段学生的方式来讲授《爷爷和小树》课文。立足于每一位学生的发展（目中有人）、面向全体学生（设计满足能让每一位学生都能参与的学习活动）、尊重每一位学生的差异性、自主性和独立性，让每一位学生都平等地享受高质量的教育。

对于文本，本课阅读教学层次分明，引导学生从初读到精读，逐句理解文本内涵，体味人物情感。重点清晰，对课文中容易理解的部分略读略讲，对于重点部分详读精讲。在本节课的教材内容处理上，我既注意了教材是最基本的课程资源，又结合本班学生实际情况进行了适当调整。这样的设计充分体现了不同学生在教学中得到发展的基本理念。

在课堂中，我做到了深掘教材，敢于创新，为学生创造了思维、想象、表达的宽松环境。把学习活动和语文学科联系起来，一方面利用生活中的实际事例进行讲解，例如家门口的树木与人物间发生的故事，从生活入手，化难为易。另一方面，大胆地运用肢体语言，形象而又夸张地进行文本演绎，从而让学生既觉得活泼，又变得生动。学生不仅兴致盎然，也更容易掌握学习内容。

（三）本课的不足

本课学生在朗读和理解课文、观察图片等方面的目标达成情况较好，但在理解人与自然和谐相处这一目标上，还需教师在课堂上继续引导、启发。

在教师、学生与环境的互动中，若教师能更加熟悉教学环境，利用教学环境中的有利因素进行教学，教学效果可能会更好。例如，"2020年四川省师范生教学能力大赛"提供的比赛教室空间小，学生人数少，可根据学生学习情况将桌椅布置为圆弧形，学生可将教师的面部表情和动作看得更清晰，模仿起来更容易，学生之间、师生之间互动更紧密有效。

四、课例点评

本单元主要是从四季的变化讲解四季的特征以及四季与人的关系，让学生从课文中理解人与自然各自的角色及作用，努力让学生体会人和自然和谐相处的道理。本单元选用了看图说话的形式，配有丰富的图片，有利于学生理解课文内容，激发学生的学习兴趣。罗亚丽同学在讲解本课时，充分体现了《聋校语文课标（2016年版）》的理念及要求。

（一）关注学生的发展

由于该班学生听力受损情况不同，罗亚丽同学根据班级学生特点，进行分层次教学，将口语与手语相结合，加入康复目标，让学生在阅读课文、理解课文的同时，对听话、看话和言语表达进行训练，为学生口语和手语的结合与转换铺路搭桥，并为学生融入社会打下基础。在教学过程中，罗亚丽同学尊重学生个别差异性，对于有残余听力和口语的学生，她鼓励学生"说出来"，并通过"触摸喉咙"和"听声音"的方法，让学生感知正确的发音方法。

（二）巧用缺陷补偿的原则

在教学过程中，罗亚丽同学利用聋生的视觉优势，通过看图片、卡片等，并通过联系生活实际，将课文中的形容词外显为生活中的实物，使聋生通过自身生活经验和视觉观察，更直观清晰地理解课文内容，理解文章的写作手法，激发他们的学习兴趣，让聋生在轻松的环境和状态下学习课文。罗亚丽同学遵循缺陷补偿的原则，在课堂中，不仅通过图片给聋生带来视觉体验，还通过适当的肢体语言和面部表情等，使他们充分感受到课文句子的情感色彩，并体会到文中传递的人与自然和谐相处的思想感情。

（三）结合学生的生活经验

二年级学生的生活经验和经历有限。在课程中，罗亚丽同学充分利用学生现有的生活经验，从生活中的小事入手，比如"家门口"和"绿色的小伞"等。课文讲解结合生活实际，将课文中比喻的写法化难为易，并通过学生穿衣感知冷暖变化的生活经验，去体会小树在冬夏两季的感受，凸显人与自然的默契，加深学生对人与自然关系的理解。

（四）板书有特色

罗亚丽同学在板书设计中，充分显示了课文的主要内容和思想感情。在人与树的关系中，凸显冬夏的变化，中间一个"爱"字，总结全文，体现课文蕴含的思想感情。板书直观形象，让学生通过"看板书"，理解课文内容与升华思想感情。

点评教师：乐山师范学院王欢

【参赛课例 6】

画家乡[①]

一、教材分析

《画家乡》是聋校义务教育实验教科书《语文》三年级下册第四单元第 16 课。在本单元的前两课《黄山奇石》和《日月潭》的基础上，继续走进祖国的山山水水，表现了祖国的辽阔和壮美，旨在激发学生热爱祖国的情感。本篇课文中，5 个孩子以画画的形式介绍自己的家乡。课文图文并茂，情景交融。

本篇课文预计 4 课时，本节课是第 2 课时。旨通过学习课文第 1~6 自然段，学生能归纳出 5 个孩子家乡的不同特点，并掌握分析课文的方法。

二、学情分析

本班有聋校第一学段三年级学生共 12 名，均配有助听器，其中 10 名具有一定的口语能力。该阶段学生处于具体形象思维阶段，对实物、图片等直观形象的事物比较感兴趣。由于听力受损，学生的语言发展和认知基础较弱，在朗读课文和阅读理解上存在一定的困难。在朗读课文时注意纠正学生的发音、口形；在理解能力方面，充分利用视觉

---

① 周雯慧，参加 2021 年四川省师范生教学能力大赛获综合学科组三等奖（本书引用时有调整）。

为主的优势帮助学生理解。通过上节课的学习，学生已经扫清字词障碍，基本能认读课文。

根据学生个体差异，将其分为：

A层：口语能力较好，上课积极与老师互动，有复习的习惯，对新知识掌握较快。通过本单元前两节课的学习，学生对祖国的山水风光有一定认识。

B层：口语能力较弱，对新知识掌握速度慢且易遗忘，喜欢观图。通过本单元前两课的学习，学生对祖国的山水风光有一定认识。

三、教学目标

A层：

知识与技能目标：能正确朗读课文（双语），能用句式"那么……那么……"进行造句，能独立说出海边、山区、平原、草原、城市的样子。

过程与方法目标：小组合作，学习排比式课文，提高语言表达能力。

情感态度与价值观目标：感受家乡山山水水的美，激发热爱祖国的情感。

B层：

知识与技能目标：能正确朗读课文（双语）；在师生帮助下，能用句式"那么……那么……"进行造句；在图片提示下，能说出海边、山区、平原、草原、城市的样子。

过程与方法目标：在老师指导下，通过师生合作学习课文，提高语言表达能力。

情感态度与价值观目标：感受家乡山山水水的美，激发学生热爱祖国的情感。

四、教学重点和难点

重点：理解课文内容，说出海边、山区、平原、草原、城市的样子。

难点：用句式"那么……那么……"造句，感受家乡的美。

五、教学方法

教法：直观教学法、讲授法、问答法。

学法：朗读法、观察法、练习法。

六、教学用具

多媒体设备、手绘图片、贝壳（实物）。

七、教学过程

（一）问题导入

师：（PPT播放教师和学生家乡图片，引出"家乡"导入课文）

师：［板书课题（16 画家乡），师生齐读］

生：［阅读第一自然段（双语）］

师：［纠正字词"爱""美丽"（口语强调正确发音，手语强调中国通用手语，动作准确，表达清楚）］

师：读完第一自然段，爱动脑筋的你们，有什么问题呢？

生：（学生自行提问）

师：（归纳）让我们带着这些问题进入课文，找一找答案。

【设计说明】利用学生已有经验和情感，感知文本，拉近学生与文本的距离，并注意教学文眼"美丽"。

（二）初读感知，整体把握课文内容

师：课文一共写了哪几位小朋友的家乡？他的家乡分别在哪里？你在他的画上看到了什么？

生：（自主阅读第二至六自然段，分别在书上勾画出PPT上的问题答案，进行小组交流讨论，交换完善答案后作回答）

（三）图文结合，掌握段落大意

师：我们知道五个小朋友画了自己的家乡，我们来看看他们画的家乡究竟是什么样子的。

实物展示：涛涛的画。

生：（学生分组观赏图片，A层学生带动B层学生进行交流讨论，把握涛涛家乡的特点）

师：涛涛画了家乡的哪些景物？

生：海、船、海滩等。

视频展示：播放视频，展示大海的美与壮阔，让学生对海产生直观感受，并分享自己看到的大海有什么样的特点。再读课文第二段第二句话。

生：（观察大海与小河的图片，对比其不同特点，用已学句式"那么……那么……"进行造句，感受"那么……那么……"的强调作用）（纠正口语发音并做手语指导）

图片对比：通过干净的大海和充满垃圾的大海图片对比，引导学生感受美丽来自人们对大自然的爱护。

生：（再读第 2 自然段）（鼓励能用口语表达的学生大声朗读，手语动作标准，表情适当，读出感情）

师：这是涛涛美丽的家乡，也是我们想要生活的自然环境，更是我们宝贵的绿水青山，保护家乡的山山水水就是热爱祖国！

【设计说明】聋校语文阅读教学要求重视聋生独特的感受、体验和理解。加强对其阅读方法的指导引领和点拨。在丧失听力的情况下，充分利用图片、视频、实物等教学辅具，调动聋生的视觉与触觉能力，培养其感受、理解、欣赏的能力。

（四）自主探究，掌握方法

师：下面，我们用学习第 2 自然段的方法，自学第 3~6 自然段。

生：（A 层根据课文内容和 PPT，独立回答问题，完成学习单；B 层在教师提示下，看图回答学习单问题）

生：（结合学习单，运用句式"……那么……那么……"，通过小组合作探究，完成第 3~6 自然段的整体感知与学习）

师：（对学生活动进行反馈，并讲解重点词句）

师：在五个小朋友的画里，我们看到了那么蓝那么宽的大海，看到了那么平坦那么宽广的平原，还有那么美丽那么繁华的城市，用一个词来形容他们的家乡，你会用哪个词？

生：美丽/很美。

师：你们喜欢课本上美丽的家乡吗？请同学们带着喜欢的情感再读课文。

生：（再读课文）

师总结：又蓝又宽的大海，青翠碧绿的山林，广阔无垠的平原，一望无际的青青草原，繁华的城市街道，这是孩子们喜爱的家乡，也是我们祖国的美好河山。美丽的家园，正是因为有了人们的保护、爱护，才能给我们带来干净、舒适和美的感受！

【设计说明】听障导致聋生的语言理解能力较弱，因此教师在提问时尽量将问题具体、精准化，方便学生理解；同时，充分利用视觉通道，借助图片对比等来加强对课文内容的理解和感受。结合学生差异，借助学习单，分层掌握目标。

（五）角色扮演，巩固强化

师：请学生扮演其中一个小朋友，向其他人介绍自己的家乡。

生：分组活动，利用文本内容，模仿课本中五个孩子，对家乡进行介绍。

课后延伸：请同学们模仿课文第 2~6 自然段，说一说你自己家乡的样子，画画自己家乡的美景。

【设计说明】通过表演，结合游戏情境、小组交流，使学生运用课文范例，进行语言的组织和加工，有利于提高聋生的语言理解和表达能力。

八、课例点评

本课是精读课文,讲述了5个不同地域的小朋友通过画画的形式介绍各自家乡的特点,意在展示祖国各地不同的风土人情,表达对自己家乡的热爱之情。《聋校语文课标(2016年版)》指出:聋校语文课程应在语文学习的过程中,培养聋生热爱祖国、热爱人民的思想感情。周雯慧同学的这节语文片段教学课,带领小学三年级的聋生领略了祖国地大物博、各具特色的风土人情之美,激发了他们的想象力。

本教学片段的亮点:一是重视文本阅读。新课标指出阅读是运用语言文字获取信息、认识世界、发展思维、获得审美体验的重要途径,要引导聋生钻研文本,在主动积极的思维和情感活动中加强理解和体验。本片段教学中,周雯慧同学先带领大家一起齐读第二自然段,为学生做好阅读示范,随后又分句阅读带领学生逐句感受句子所描述的情景,领略大海的美。通过阅读引导学生钻研描写大海的句子、感受大海的特点,带领没有去过海边的同学体验海的美及海边人民的生活,激发学生对海的想象。二是重视情感体悟。通过两处的图片对比,理解抽象的"那么……那么……"所表达出的海的特点,通过载满鱼虾的船、光脚拾贝壳的小男孩带领学生感受大海的美,感受祖国的绿水青山,激发学生爱护自然之情。三是板书设计有特色。本课的板书(见图8-3)运用图片和简笔画辅助,重点突出,形象、直观,能帮助聋生更好地掌握本课内容。

图8-3 《画家乡》的板书

总之,作为一名师范生,在整个教学片段执教中,教学思路清楚,教态自然、语言生动、感情丰富、手语动作标准、课堂效果较好,展现了良好的师范生教学基本功。不足之处在于,首先,教学目标中知识与技能目标实现得不够;其次,本段文本素材具有想象空间,可通过课文的学习激发他们的想象力,把握住语言文字的理解和运用;再次,阅读教学应以文章整体为主,避免过于碎片化的教学;最后,情感的升华应立足文本,避免以老师的感悟取代学生的感悟。

点评教师:乐山师范学院唐丹

参考文献

[1] 蔡慧琴，饶玲，叶存洪. 有效课堂教学策略［M］. 重庆：重庆大学出版社，2008.

[2] 陈兰英. 高职院校教师说课问题探究［J］. 现代农村科技，2022（5）：119-120.

[3] 陈延军. 智慧灵性的小学语文教学［M］. 北京：清华大学出版社，2016.

[4] 邓猛. 融合教育理论指南［M］. 北京：北京大学出版社，2017.

[5] 付心知. 聋校语文有效教学的艺术与方法［M］. 北京：光明日报出版社，2019.

[6] 龚俊波. 听课有益须立足"三味"［J］. 今日教育，2022（3）：65-66.

[7] 顾明远. 教育大辞典（增订合编本）［M］. 上海：上海教育出版社，1998.

[8] 郭乐静. 部编教材识字教学策略研究［J］. 教育理论与实践，2018（2）：53-55.

[9] 何雯雯. 中学语文教师说课能力现状与发展对策研究［D］. 武汉：华中师范大学，2017.

[10] 胡冰茹，周彩虹. 小学语文课程教学与设计［M］. 苏州：苏州大学出版社，2020.

[11] 黄建行. 教育、康复、职业训练相结合办学模式实践成果集——教学设计集［M］. 深圳：海天出版社，2012.

[12] 黄淑琴，桑志军. 语文课程与教学论［M］. 广州：广东高等教育出版社，2013.

[13] 贾孟喜. 整体说课与高职教师的专业发展［J］. 清远职业技术学院学报，2019（2）：54-57.

[14] 蒋茵. 论人性视阈中的教学思维［J］. 台州学院学报，2011（1）：71-75.

[15] 焦旭召，李利华. 初中道德与法治高效精准说课的策略［J］. 中学政治教学参考，2021（42）：76-77.

[16] 李秉德. 教学论［M］. 北京：人民教育出版社，2001.

[17] 李吉林. 情境教育三部曲［M］. 北京：人民教育出版社，2006.

[18] 梁丹丹，王玉珍. 聋生习得汉语形容词程度范畴的偏误分析：兼论汉语作为聋生第二语言的教学［J］. 中国特殊教育，2007（2）：23-27.

[19] 刘琴，王振洲. 基于学科核心素养的聋校语文学业评价的设计［J］. 现代特殊教育，2020（18）：35-40.

[20] 刘琴. 指向核心素养的聋校语文教学目标制定［J］. 现代特殊教育，2020（6）：28-32.

[21] 鲁忠义，白晋荣. 学习心理与教学［M］. 石家庄：河北人民出版社，2004.

[22] 钱建学. 浅论聋校教师形象美的塑造［J］. 现代特殊教育，2016（1）：29-30.

［23］司灵童. 语文学科的说课技巧［J］. 文学教育（下），2021（8）：188−189.

［24］苏鸿. 高效课堂：备课　上课　说课　听课　评课［M］. 上海：华东师范大学出版社，2013.

［25］孙红艳，李志刚. 以说课促进英语教师专业发展［J］. 邯郸学院学报，2022（1）：99−103.

［26］孙立娜. 聋校初中语文课堂教学评价存在的问题及对策［J］. 现代特殊教育，2015（8）：58−61.

［27］王雁，李欢，莫春梅，等. 当前我国高等院校特殊教育专业人才培养现状分析及其启示［J］. 教师教育研究，2013（1）：28−34.

［28］王振宏，李彩娜. 教育心理学［M］. 北京：高等教育出版社，2020.

［29］王宗海，肖晓燕. 小学语文教学技能［M］. 上海：华东师范大学出版社，2011.

［30］吴忠豪. 小学语文课程与教学［M］. 3版. 北京：中国人民大学出版社，2020.

［31］吴忠豪. 小学语文课程与教学论［M］. 北京：北京师范大学出版社，2004.

［32］徐世贵. 中小学教师教育研究［M］. 沈阳：辽宁民族出版社，2001.

［33］杨春生. 备课技能训练指导［M］. 北京：中国林业出版社，2001.

［34］于雅楠. 中学物理说课评价体系的构建［D］. 济南：山东师范大学，2019.

［35］余文森，吴刚平，刘良华. 探索以校为本的教学研究［M］. 上海：华东师范大学出版社，2005.

［36］余文森，黄国才，陈敬文，等. 有效备课　上课　听课　评课［M］. 福州：福建教育出版社，2008.

［37］俞芹. 聋生二语习得中母语的迁移及对阅读教学的启示［J］. 现代语文（语言研究），2014（1）：103−105.

［38］袁德润. 课程与教学：新授教师的视角［M］. 杭州：浙江大学出版社，2018.

［39］张帆，卢苇. 无声的绽放，走近聋人文化［M］. 杭州：浙江大学出版社，2017.

［40］张晓云. 新课程理念下聋校语文教学的现状与创新［J］. 新闻世界，2015（2）：176−177.

［41］赵斌. 论高校特殊教育专业教师的素养［J］. 绥化学院学报，2014（7）：5−9+15.

［42］郑金洲. 说课的变革［M］. 北京：教育科学出版社，2007.

［43］郑雪云. 小学教师说课能力培养探讨［D］. 呼和浩特：内蒙古师范大学. 2016.

［44］中华人民共和国教育部. 聋校义务教育语文课程标准（2016年版）［S］. 北京：人民教育出版社，2016.

［45］中华人民共和国教育部. 义务教育语文课程标准（2022年版）［S］. 北京：北京师范大学出版社，2022.

［46］钟启泉. 基于核心素养的课程发展：挑战和课题［J］. 全球教育展望，2016（1）：3−25.

［47］钟启泉. 教育的挑战［M］. 上海：华东师范大学出版社，2019.

［48］朱小蔓. 情感德育论［M］. 北京：人民教育出版社，2005.

［49］邹冬梅，汪飞雪. 实用聋校教学法［M］. 长春：东北师范大学出版社，2012.

后　　记

　　本书为乐山师范学院《学科教学方法论丛书》之一。结合当前关于核心素养的相关研究，我们对聋校语文学科核心素养的构成和表现进行了分析，探讨教学目标设计和教学评价等问题。基于二语习得、情境教育等理论，我们对聋校语文学科教学的原则、教学方法进行了总结，目的在于指导师范生更好地掌握聋校语文教学的原理和要求。

　　本书从聋校语文教师教育视角出发，力求理论与实践相结合，突出前沿性、学科性、学术性和应用性，将聋校语文教学案例与师范生技能比赛等作品纳入书中，突出师范专业教育教学校本化的特色，便于师范生结合当前聋校语文课堂教学实际进行试讲试教等模拟演练，提升教学技能和专业素养。

　　高师院校从师范教育到教师教育转向，基础教育从"知识本位"向"素养本位"转型。结合《"十四五"特殊教育发展提升行动计划》和特殊教育专业人才培养方案，"特殊教育学校语文课程与教学"作为教师教育必修课，已纳入师范专业认证指标体系，在教师资格考试中也明确提出语文学科教学的相关内容，要求从事聋校语文教学的教师必须掌握语文学科教学方法论，一是掌握理论知识，二是提高专业能力，三是形成正确态度。本书倡导师范生应具备学科教学的通用知识和特殊技能，旨在从知识内容的习得转向聚焦"核心素养"的教育目标，推进师范生"关键能力"的形成。

　　本书以团队合作的形式编写而成。参与本书编写的人员及分工如下：第一章，第二章，第三章，第四章第一节、第四节、第五节，第五章第三节，第七章，第八章由刘琴撰写；第六章第一节、第二节，部分案例点评由唐丹撰写；第六章第三节，部分案例点评由王欢撰写；第四章第二节、第三节，第五章第二节由肖敏撰写；第五章第一节，部分案例点评由赵庆撰写。除此之外，本书还征集了特殊教育学校部分教师的教学案例、乐山师范学院特殊教育专业师范生参加四川省师范技能比赛的课例。在此，对各位编写人员、提供案例的教师和师范生表示衷心的感谢！

　　本书为四川省2021—2023年高等教育人才培养质量和教学改革项目"面向西部乡村振兴的基础教育卓越教师培养体系建构研究与实践"（JG 2021—1233）的阶段性成果，并得到乐山师范学院及教学部和教师教育学院的全力支持，在此一并表示感谢！

　　衷心感谢四川大学出版社为本书的出版给予的热情帮助，尤其对责任编辑陈克坚老师的指教谨表谢意。

刘　琴
2022年6月

2